Christine Recht

Obstbäume
biologisch ziehen

So gedeihen und fruchten sie am besten

Experten-Rat für Pflanzung, Pflege und Schnitt

Mit schmackhaften Sorten – auch für Kleingärten und Balkone

Fotos: Friedrich Strauß und andere bekannte Pflanzenfotografen
Zeichnungen: Ushie Dorner

GU Gräfe und Unzer

VORWORT
INHALT

Zarte, duftige Blüten, auf denen die Bienen tanzen, knackige, saftige Früchte, die das Wasser im Mund zusammenlaufen lassen, das wünscht man sich von einem Obstbaum. Ins Obst reinbeißen und es guten Gewissens genießen, kann man aber nur, wenn es keine chemischen Rückstände von Pflanzenschutzmitteln enthält. Darum geht es in diesem GU Pflanzen-Ratgeber. Die GU Pflanzen-Expertin Christine Recht erklärt anschaulich und leicht nachvollziehbar – auch für Anfänger – worauf es beim biologischen Anbau von Obst ankommt. Entscheidend für den Erfolg ist die Wahl des richtigen Baumes, dabei spielen die verschiedenen Obstsorten eine ebenso große Rolle wie die Bodenbeschaffenheit und die klimatischen Verhältnisse am Pflanzort. Brillante Farbfotos und detaillierte Pflegeanleitungen für beliebtes Kern- und Steinobst helfen, den richtigen Baum und die richtige Sorte zu finden.
In anschaulichen Zeichnungen wird gezeigt, wie man Obstbäume, -hecken und -spaliere richtig pflanzt. Auch der so wichtige sachgemäße Schnitt wird in einfachen Schritt-für-Schritt-Zeichnungen erklärt.
Ein Schwerpunkt dieses Buches ist der biologische Pflanzenschutz. Dazu muß man wissen, wie man die Kräfte der Natur für den Kampf gegen Schädlinge und Krankheiten aktivieren kann. Nur wer die vielen Nützlinge – des Gärtners schlagkräftigste Truppe – in seinem Garten fördert, wird ungespritztes und gesundes Obst ernten können.
Viel Freude am selbstgezogenen Obst wünschen Ihnen die Autorin und die GU Naturbuch-Redaktion.

Aprikosen von Nancy.

Süßkirschenblüte.

Sauerkirsche 'Schattenmorelle'.

Die Autorin
Christine Recht ist Mitarbeiterin verschiedener Gartenfachzeitschriften und Autorin erfolgreicher GU-Pflanzenratgeber wie »Küchenkräuter biologisch ziehen«, »Kübelpflanzen« und »Grünpflanzen«.

Die Fotos auf dem Umschlag:
Umschlagvorderseite: Apfel 'Berlepsch'.
Umschlagseite 2: Apfelblüten.
Umschlagseite 3: Pfirsiche.
Umschlagrückseite: Aprikosenblüte (oben links); Pfirsich 'Große Mignonne' (oben rechts); Pflaume 'Czar' (unten links); Apfelblüte (unten rechts).

Wichtig: Damit die Freude an Obstbäumen ungetrübt bleibt, beachten Sie bitte die »Wichtigen Hinweise« auf Seite 63.

Obstbäume – Nutzen und Zierde in einem

Wurzel, Stamm, Äste und Blattwerk eines Baumes erfüllen wichtige Funktionen, deren Kenntnis Ihnen bei der Pflege Ihres Obstbaumes entscheidend helfen kann. Dies betrifft die Riesen unter den Obstbäumen ebenso wie die durch Veredelung entstandenen kleineren Baumformen.

Gleich vorweg: Ein Obstbaum ist nicht immer ein Riese, der viel Platz braucht. Ein Obstbaum kann durchaus auch ein kleiner Baum sein, von dem man von Hand ohne Leiter ernten kann. Ein Obstbaum kann sogar ein »Busch« sein, das heißt, ein kleiner Baum, der knapp über der Erde mit der Verzweigung beginnt. Man nennt grundsätzlich alle Gehölze, auf denen Kern- oder Steinobst wächst, »Baum« – auch wenn sie äußerlich nicht unbedingt den Vorstellungen von einem Baum entsprechen.
Ein Obstbaum im Garten ist nicht nur nützlich und bringt gesunde, wohlschmeckende Früchte, ein Obstbaum ist auch ein Schmuckstück für den Garten, und das zu jeder Jahreszeit.

So funktioniert ein Baum
Nur wenn man weiß, wie ein Baum funktioniert (→ Zeichnung, Seite 5), wird man auch verstehen, warum welche Pflegemaßnahmen nötig sind.

Die Wurzel
Sie verankert den Baum im Boden, seinem Nährstoffdepot. Die Wurzeln wachsen, solange der Baum lebt. An ihren Spitzen befinden sich feine Wurzelhaare, die für die Wasser- und Nährstoffaufnahme aus dem Boden zuständig sind. Mit jedem Wachstum der Wurzeln bilden sich diese feinen Härchen nach. Das bedeutet für die Praxis: Es hat keinen Sinn, direkt am Stamm zu gießen. Nahrung und Wasser werden von den Wurzelhärchen etwa da aus dem Boden aufgenommen, wo oberirdisch die Baumkrone endet. Die alten, verholzten Wurzeln dienen dem Baum nur als Verankerung.

Der Stamm und die Äste
Stamm und Äste sind die Hülle für Milliarden von Leitungsbahnen, die Wasser und die darin gelösten Nährstoffe transportieren – von der Wurzel in die Krone und umgekehrt (→ Zeichnung, rechts). Durch die Gefäße in den Holzteilen werden Stoffe von der Wurzel in die Blätter, also nach oben, befördert. Die Siebröhren zwischen Rinde und Stamm leiten die von den Blättern gebildeten Nährstoffe wieder in den Boden, also nach unten. Zwischen dem Gefäßteil und den Siebröhren befindet sich das Kambium. Dieses bildet alljährlich nach innen neues Holz mit neuen Gefäßen, die das Wasser aus der Wurzel in die Blätter transportieren. An seiner Außenseite sorgt das Kambium für das Entstehen neuer Siebröhren, die die von den Blättern gebildeten Nährstoffe nach unten leiten. Auf diese Weise entstehen die bekannten »Jahresringe« und der Stamm oder Ast wird immer dicker. Man sollte stets darauf achten, die Rinde und damit das Kambium nicht zu verletzen – etwa durch zu strammes Anbinden an einen Haltepfahl, unachtsames Hantieren mit dem Rasenmäher, Einschlagen von Nägeln oder durch Wildverbiß.

Die Blätter
Sie erfüllen mehrere Funktionen. So sind die Blätter für die Verdunstung der vom Baum aufgenommenen Feuchtigkeit zuständig. Erst dadurch können die im Wasser gelösten Nährstoffe aufgenommen werden. Nachschub wird über die Wurzelhaare aus dem Boden geholt.

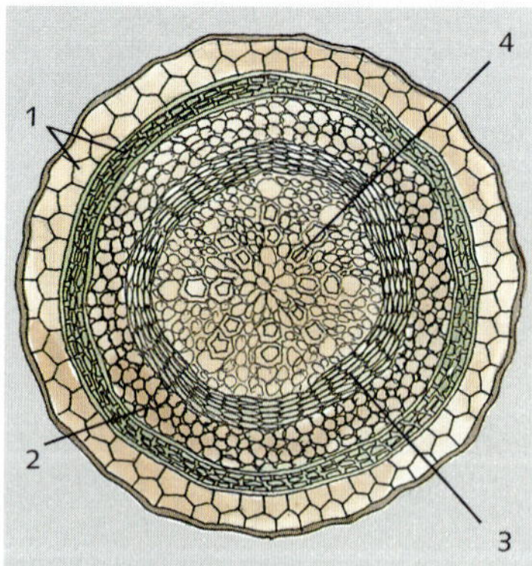

*Querschnitt durch den Stamm.
1 Rinde, 2 Siebröhren,
3 Kambium, 4 Holzteil.*

So funktioniert ein Baum.
Von den Wurzeln aus dem Boden aufgenommene Nährstoffe und Wasser werden bis in die Blätter geleitet. Aus der Luft nehmen die Blätter Kohlendioxid auf, das mit Hilfe von Sonnenlicht und Chlorophyll in Sauerstoff und Zucker verwandelt wird. Der Zucker ernährt den Baum, der Sauerstoff wird an die Luft abgegeben.

Vor allem spielt sich im Blatt ein wichtiger chemischer Vorgang ab, den wir unter dem Begriff der Photosynthese oder Assimilation kennen. Hierbei verwandelt das Blatt mit Hilfe von Sonnenlicht und Wasser das gasförmige Kohlendioxid in Sauerstoff und Zucker.

Die Blüte
Die Blüte dient der Arterhaltung – sie wird von Insekten bestäubt. Es bilden sich dann Früchte, die zu einem neuen Baum heranwachsen können. Allerdings sind solche »Wildlinge« aus Samen nicht sortenecht und tragen oft – nicht immer – »wilde«, also kleine, geschmacklich unbefriedigende Früchte. Aus diesem Grund werden Obstbäume veredelt. Die Blüten werden bei fast allen Obstarten im Juni nach dem Fruchtansatz angelegt. Bildet ein Baum zuviele Früchte aus, so behindert das den Blütenansatz. Deshalb tragen Obstbäume oft im Jahr nach einer überreichen Ernte nur sehr wenige Früchte.

Baumformen – für jeden Platz den richtigen Baum
Für einen kleinen Hausgarten, ein Spalier, eine Hecke oder gar für einen Obstbaum im Kübel sollte man stets eine möglichst schwachwüchsige Unterlage wählen. Große Hochstämme hingegen haben nur auf einer richtigen Obstwiese oder als Einzelbaum vor dem Haus (»Hausbaum«) genügend Platz. Bei den meisten Obstarten kann man unter verschiedenen Baumformen wählen (→ Tabelle, Seite 6).
Den Spindelbusch kennt man vor allem bei Äpfeln und Birnen. Der Stamm wird bis 70 cm hoch, die Krone bleibt entsprechend klein. Alle Pflegemaßnahmen und die Ernte können hier also ohne Leiter leicht erledigt werden. Der Ertrag liegt bei 10 bis 30 kg, das reicht für einen Normalhaushalt. Die Spindel eignet sich nicht nur als Solitär im kleinen Garten; mehrere in eine Reihe gepflanzt bilden eine hübsche Hecke mit Sichtschutz zum Nachbargarten. Spindelbüsche müssen stets an einen Pfahl angebunden werden.
Als Buschbaum werden Apfel, Birne, Pfirsich, Sauerkirsche, Aprikose und Quitte gezogen. Andere Obstsorten bilden zu große Kronen aus. Der Stamm wird hier auch nur etwa 60 cm hoch, aber die Krone ist ausladender als bei der Spindel. Der Ertrag ist daher etwas höher. Buschbäume eignen sich als Solitäre, nur in größeren Gärten auch als Hecke.
Der Niederstamm ist eine Baumform, die bei allen Obstsorten gleichermaßen möglich ist. Er erreicht eine Stammhöhe von 1 m, die Krone wird aber fast so ausladend wie bei einem Hochstamm. Man kann diese Bäume gut von Hand abernten. Aber alle Arbeiten unter dem Baum, wie Mähen und Bodenpflege, sind mühsam, weil man unter den Kronen nicht aufrecht stehen kann. Niederstämme eignen sich als Solitäre in kleinen Gärten; auch als Hecke kann man sie ziehen, wenn genügend Platz ist.
Der Halbstamm mit einer Stammhöhe von bis zu 1,5 m oder

Baumformen.
1 Buschbaum, 2 Spindel und 3 Hochstamm sind die wichtigsten Baumformen. Sie unterscheiden sich in ihrer Größe und in der Breite der Kronen voneinander.

der Hochstamm mit seinem bis zu 2,5 m hohen Stamm sind die klassischen Obstbäume, vor allem bei Apfel, Birne und Pflaume. Die Krone kann sehr ausladend werden, deshalb braucht so ein Baum viel Platz. Die Ernte wird in Zentnern gemessen. Ein Halb- oder Hochstamm ist auch im Ziergarten ein Schmuckstück – nicht nur wegen seiner herrlichen Blüte. Ein Hochstamm kann einen Sitzplatz im Garten beschatten oder auch Mittelpunkt eines größeren Gartens sein. Halb- und Hochstämme werden sehr viel älter als die kleineren Baumformen. Bis zu 80 Jahre alt können Obstbäume dieser Baumform werden.

Veredeln – warum?
Ein Wildbaum wächst in vielen, vielen Jahren aus einem Samen heran. Bei einem Obstbaum möchte man aber nicht Jahrzehnte warten, bis man ernten kann, und man will auch sicher sein, daß er die Sorte trägt, die man ausgewählt hat. Darum werden Obstbäume in aller Regel veredelt. Das heißt: Man pfropft auf die Wurzel einer bestimmten Sorte (die Unterlage) ein Edelreis der gewünschten Sorte. Die »Veredelungsstelle« liegt meist knapp über der Wurzel, in seltenen Fällen (vor allem bei Kirschen und Quitten) aber auch unter der Krone. Sie zeigt sich als leichte Verdickung im Stamm. Durch die Wahl der entsprechenden Unterlage kann man die Größe und Form eines Baumes ebenso beeinflussen wie seine Frosthärte, die Bodenansprüche und sein Alter. Die Wurzel bestimmt nämlich, wieviel Nährstoffe und Feuchtigkeit ein Baum aufnehmen kann. Schwachwüchsige Unterlagen bilden nur kleine Wurzelballen aus, die Nährstoffzufuhr ist bescheiden, der Baum wächst nicht so groß und breit heran. Starkwüchsige Unterlagen hingegen, wie man sie bei Hochstämmen verwendet, nehmen viel Nährstoffe und Wasser auf, der Baum wird riesengroß. Heutzutage, wo die Grundstückspreise stetig ansteigen und die Gärten daher immer kleiner werden, ist man natürlich bestrebt, alle Obstsorten auch auf schwachwüchsigen Unterlagen zu ziehen. Dies ist aber bisher nur bei Äpfeln und Birnen möglich. Sie können mit sehr gutem Erfolg auf schwachwüchsigen Unterlagen auch im kleinen Garten gehalten werden. Bei Zwetschgen und Kirschen hat man bisher noch keine befriedigenden und über längere Zeit bewährten schwachwüchsigen Unterlagen finden können. Auch von Aprikosen und Pfirsichen gibt es keine ausgesprochen kleinwüchsigen Formen. Ein Walnußbaum ist grundsätzlich sehr groß. Bei Quitten liegt der Fall wieder anders: Sie werden veredelt, damit sie überhaupt auf einem Stamm wachsen – von Natur aus handelt es sich hier eigentlich um Büsche.

So breit werden die Kronen eines ausgewachsenen Baumes

Apfel	
Hoch- und Halbstamm	8–10 m
Buschbaum	4 – 5 m
Spindel	2 – 3 m
Birne	
Hoch- und Halbstamm	6 – 8 m
Buschbaum	4 – 5 m
Spindel	2 – 3 m
Zwetschge, Pflaume	
Hoch- und Halbstamm	5 – 6 m
Mirabelle, Reneklode	
Hoch- und Halbstamm	4 – 5 m
Süßkirsche	
Hoch- und Halbstamm	8–10 m
Sauerkirsche	
Buschbaum, Halbstamm	4– 5 m
Pfirsich	
Buschbaum	4 – 5 m
Aprikose	
Halbstamm	5 – 6 m
Quitte	
Buschbaum	3 – 5 m
Walnuß	
Hochstamm	8–15 m

Selbst veredeln?
Wenn Sie in der Baumschule einen jungen Baum kaufen, ist er veredelt. Lohnt es sich aber, selbst einen Baum auf einer Unterlage zu veredeln? Im allgemeinen wohl nicht. Heute aber rücken die alten Obstsorten immer mehr in den Vordergrund. Obstbaufachleute und Wissenschaftler erkennen, wie wichtig die alten Sorten nicht nur wegen ihrer gesunden Erbanlagen sind, sondern auch wegen ihres Wohlgeschmacks und ihrer Resistenz gegen viele Krankheiten und Schädlinge. Nur wenige Baumschulen haben sich auf die Veredelung alter Sorten spezialisiert. Da kann es sich auch für einen Laien lohnen, von einem Baum mit einer schmackhaften lokalen Apfel- oder Birnensorte ein Edelreis auf einer entsprechenden Unterlage zu ziehen und so die alte Sorte für die Nachwelt zu erhalten. Unterlagen kann man in guten Baumschulen kaufen. Wie man einen Baum auf Unterlage veredelt, lesen Sie auf Seite 40.

Ein gepflegter Apfelbaum in einer Streuobstwiese.
Die reiche Blüte läßt gute Ernte erwarten. ▷

Knackiges Obst aus Garten und Kübel

Vor dem Kauf eines Obstbaumes gilt es genau zu überlegen: Welche Obstart mögen Sie? Welchem Baum können Sie gute Bedingungen bieten? Wie können Sie ihn in Ihren Garten einbinden? Das folgende Kapitel soll bei der Beantwortung dieser Fragen helfen und gibt Tips für den Kauf.

Der richtige Standort
Damit Sie lange Freude an Ihrem Obstbaum haben, sollten Sie vor dem Kauf einige Dinge abklären.
Klima: Nicht jede Obstsorte gedeiht in jedem Klima. So kann man sich beispielsweise unter Hunderten von Apfelsorten die richtige für ein warmes Weinbauklima oder auch für eine Höhenlage um 1 000 m aussuchen. Dabei spielen nicht nur die kalten oder milderen Winter eine Rolle, sondern auch die Dauer des Sommers und die Luftfeuchtigkeit. Fragen Sie am besten in der Baumschule, welche Obstsorte speziell an Ihrem Wohnort besonders gut gedeiht.
Mein Tip: Erkundigen Sie sich auch nach lokalen Obstsorten. Viele Baumschulen haben sie wieder im Sortiment, nachdem sie lange in Vergessenheit geraten waren. Diese alten Sorten sind oft ausgesprochen schmackhaft und kaum anfällig für Krankheiten und Schädlinge. Außerdem sind sie speziell auf das Klima abgestimmt, in dem sie vor Jahrhunderten gezüchtet wurden.
Kleinklima: Nicht überall in Ihrem Garten herrscht exakt das gleiche Klima. Sonne, Wind und Regen sind nicht an jedem Platz gleich. Die klimatischen Verhältnisse innerhalb eines begrenzten Raums nennt man Kleinklima. Obstbäume wachsen am besten in Ost- und Südlagen. Auf der Westseite eines Hauses kann man aber durchaus einen Apfelbaum pflanzen – er mag es lieber feucht und kühl. Kirschbäume bevorzugen windige Standorte. Alle anderen Obstsorten aber haben es gern warm und geschützt – vor allem während der Blüte, wenn Spätfröste in einer Nacht die ganze Ernte eines Jahres vernichten können.
Beobachten Sie also das Kleinklima in Ihrem Garten genau: Oft »fällt« der Frost in eine Senke, während oben am Hang die Temperaturen nicht unter Null sinken.
Der Boden: Auch die Bodenverhältnisse sollten Sie abklären, bevor Sie einen Obstbaum kaufen. Nicht jede Obstsorte verträgt jeden Boden. Sicherheitshalber können Sie eine Bodenprobe entnehmen und diese bei einer Bodenuntersuchungsstelle prüfen lassen. Die entsprechenden Adressen von Instituten in Ihrer Nähe erhalten Sie beim Verband Deutscher Landwirtschaftlicher Untersuchungs- und Forschungsanstalten (→ Adressen, Seite 63).
Sollte die Bodenbeschaffenheit für die von Ihnen gewählte Obstart allerdings nicht ideal sein, ist das noch kein Grund zu resignieren. Entscheidend ist nämlich die richtige Unterlage – ein- und dieselbe Sorte kann man unter Umständen mit verschiedenen Unterlagen sowohl auf trockenem, steinigem als auch auf feuchtem, humosem Boden ziehen. Auch durch die Verbesserung des Bodens können Sie, vor allem bei kleinwüchsigen Arten, den Standort verbessern (→ Steckbriefe, Seite 42).
Platzansprüche: Wieviele Bäume in Ihrem Garten Platz haben, hängt natürlich von der Größe des Gartens, aber auch von der Größe der Bäume ab. Prinzipiell sollten Solitärbäume immer so weit auseinanderstehen, daß sich die Kronen im erwachsenen Zustand nicht berühren. Wachsen die Kronen ineinander, bekommen die Früchte nicht genügend Licht zum Reifen (→ Tabelle, Seite 6).
Abstand zum Nachbarn: Ein Baum, dessen Äste in Nachbars Garten hineinragen, kann zu Streitigkeiten Anlaß geben. Deshalb: Den Grenzabstand zum nächsten Grundstück unbedingt einhalten! Die gesetzlichen Bestimmungen über die Grenzabstände von Bäumen sind in den einzelnen Bundesländern verschieden. Erkundigen Sie sich beim städtischen Gartenbauamt, bei der Gemeindeverwaltung oder beim Landratsamt. Allgemein gilt als Faustregel: Der Baum muß halb so weit von Nachbars Grenze gepflanzt werden, wie der zu erwartende Kronendurchmesser beträgt. So reicht später kein Ast ins falsche Grundstück! Beispiel: Wird die

Im Frühjahr sind Obstbäume eine Zierde für jeden Garten und Balkon – eine Blüte schöner als die andere.

Krone einmal einen Durchmesser von 6 m haben, muß der Baum mindestens 3 m von der Grundstücksgrenze entfernt gepflanzt werden.

Gestalten mit Obstbäumen
Obstbäume können auf ganz unterschiedliche Arten in einen Garten eingebunden werden.
Der Solitärbaum ist ein einzeln stehender Baum und meist gestalterischer Mittelpunkt des Gartens. Man sollte eine Sorte wählen, die nicht nur gute Früchte trägt, sondern auch durch ihre Blütenpracht besticht. Ein solcher Obstbaum wirkt im Garten so dekorativ wie ein Zierstrauch. Als Solitärbaum eignen sich Hoch- und Halbstämme und nicht zu schlanke Spindeln.
Die Obsthecke kann einfach eine Reihe von Obstbäumen sein – derselben oder verschiedener Art. Es gibt aber auch Heckenformen, die kunstvoll an einem Gerüst gezogen werden (→ Seite 19). Für die Pflanzung einer Obsthecke bieten sich vor allem Spindeln und Buschbäume an.

Die Blüten auf dem Foto:
1 Pfirsichblüte
2 Apfelblüte
3 Aprikosenblüte
4 Süßkirschenblüte
5 Quittenblüte
6 Birnenblüte

Das Obstspalier an der Hauswand empfiehlt sich immer dort, wo wärmeliebende Obstarten angebaut werden sollen. Dazu gehören Birnen, Pfirsiche, Aprikosen und Sauerkirschen. Eine Süd- oder Westwand ist dann der ideale Platz – hier gedeihen selbst in rauhen Höhenlagen noch Edelbirnen. Spaliere zieht man entweder locker aufgebaut oder als strenges Formspalier (→ Seite 16). Eine langweilige Hausfassade kann durch ein kunstvolles Spalier zur Sehenswürdigkeit werden. Man verwendet hierfür bei Birnen Spindelbäume, bei Sauerkirschen, Pfirsichen und Aprikosen Sorten mit breit angelegten Kronen.
Die Obstwiese bleibt bei den heutigen Grundstückspreisen meist nur ein Wunschtraum. Auf den klassischen Streuobstwiesen auf dem Land wächst hauptsächlich Mostobst auf Hochstämmen. Edelsorten werden auch auf einer Obstwiese als Hecken oder in Reihen auf Spindelbüschen gezogen.

Obstbäume im Topf
Man kann fast alle Obstarten im Topf ziehen. Die Pflege im Topf ist allerdings nicht ganz einfach (→ Seite 17), die Ernte ist gering und die Lebensdauer selten länger als 10 Jahre. Aber ein blühendes Apfelbäumchen oder ein Pfirsichbaum im Topf ist vor allem auf einem Großstadtbalkon eine Augenweide.
Generell kann man alle Jungbäumchen auf schwachen Unterlagen auch in den Topf pflanzen. Seit neuestem sind aber auch spezielle, für die Topfkultur gezüchtete Zwergsorten von Apfel und Pfirsich auf dem Markt. Ihre kleineren Früchte harmonieren sehr viel besser zu den kleinen Bäumchen als die Früchte der normalen Sorten. Die Zwergäpfel 'Garden Annie' werden nicht höher als etwa 60 cm.

◁ *Spalierobst läßt sich sogar im Kübel ziehen: Hier die Apfelsorte 'Elstar' in Doppel-U-Form.*

Ohne Befruchtung kein Obst
Kein Baum trägt Früchte ohne vorausgegangene Befruchtung. Äpfel, Birnen, Süßkirschen sowie einige Zwetschgen- und Pflaumensorten brauchen unbedingt einen zweiten, besser mehrere Bäume zur Befruchtung.
Bevor man einen Obstbaum kauft, muß man also abklären, ob in der Nachbarschaft bereits andere Obstbäume stehen, die diesen Zweck erfüllen können. Ist dies nicht der Fall, so muß man unter Umständen zwei oder drei Sorten von einer Art kaufen. Wo der Platz dazu nicht ausreicht, kann man auch mehrere Sorten auf einen Baum veredeln (→ Seite 38). Sauerkirschen, Quitte, Pfirsich und Aprikose sind selbstbefruchtbar. Beim Walnußbaum wachsen männliche und weibliche Blüten am selben Baum. Lassen Sie sich wegen der Befruchtersorten unbedingt von einer seriösen Baumschule beraten. Ohne Bienen und andere Insekten gibt es aber keine Befruchtung. Vermeiden Sie deshalb unbedingt den Einsatz von Insektiziden gegen Schädlinge – es geht auch anders!

Ihr Fragenkatalog beim Kauf eines Obstbaums:

- Wieviel Platz braucht der Baum?
- Wie hoch wird er?
- Welche Klimabedingungen stellt er?
- Welche Bodenbeschaffenheit braucht er?
- Braucht die Sorte Befruchter?
- Ist die Sorte robust, also möglichst wenig anfällig gegen typische Krankheiten?
- Wie alt ist die Krone beim Kauf (1- oder 2jährig)?
- Ist der Pflanzschnitt durchgeführt?
- Ist die Rinde glatt und ohne Verletzungen?
- Sind die Wurzeln einwandfrei? (auf Faulstellen achten!)
- Ist die Veredelungsstelle ohne Auswüchse?
- Leistet die Baumschule bei Nichtanwachsen Ersatz?

Ein Baum wird gekauft
Ein Obstbaum ist eine Anschaffung für viele Jahre, ja oft Jahrzehnte. Man ersteht ihn also sicher nicht im Vorübergehen. Man kann ihn in einem Gartencenter oder auch bei einer Versandbaumschule kaufen. Dies muß man vor allem dann, wenn man nicht gängige Sorten haben möchte. Wer sich mit Obstbäumen aber noch nicht auskennt, sollte sich am besten in einer ortsansässigen Baumschule beraten lassen. Denn wenn man den Baum kauft, ist er ein bis zwei Jahre alt – man sieht ihm also noch nicht an, was einmal aus ihm wird. Außerdem kennt man hier die Klimaverhältnisse der Gegend genau und veredelt die entsprechenden Sorten. Die Beratung erfolgt am besten mit einem detaillierten Plan des Gartens in der Hand. Nur so kann Ihnen der Fachmann sagen, auf welcher Unterlage Ihr Wunschbaum veredelt sein muß, welche Baumform, welche Sorte sich eignet. Laien sind erfahrungsgemäß allzu schnell bereit, die »mickrigen« Spindelbüsche auf schwachwüchsigen Unterlagen, die für ihren Garten sehr wohl geeignet wären, zugunsten stärkerer Jungbäume stehen zu lassen. In ein paar Jahren müssen sie dann einen Hochstamm fällen, weil ihr ganzer Garten im Schatten liegt.

So laßt uns ein Obstbäumchen pflanzen

Einen Obstbaum zu pflanzen, ist etwas Besonderes – so ein Baum begleitet einen oft ein Leben lang. Deshalb darf man beim Pflanzen keinen Fehler machen. Der Baum muß sich ja an ein- und derselben Stelle viele Jahre aus der Erde mit Nahrung versorgen, seine Wurzeln ungehindert in die Erde und seine Krone in den Himmel recken können.

Der richtige Zeitpunkt
Einen jungen Obstbaum kann man entweder im Herbst, also am Ende der Vegetationszeit im September/Oktober oder im Frühjahr vor Beginn der neuen Vegetationszeit, etwa Anfang März, pflanzen.

- Die Herbstpflanzung ist grundsätzlich günstiger, weil der Baum noch vor dem Winter anwurzeln kann. Dann treibt er im Frühjahr gut aus. Im Dezember können die Temperaturen schon kritisch werden. Wenn gar der Boden durchfriert, können die Wurzeln keine Feuchtigkeit mehr aufnehmen und der Baum geht ein.
- Eine Pflanzung im Frühjahr empfiehlt sich nur für kälteempfindliche Obstarten wie Pfirsich, Aprikose oder Quitte. In einem sehr kalten Winter können diese Jungbäume leicht erfrieren.
- Container-Bäume kann man auch im Sommer pflanzen, sie wachsen dann schnell an.

Die ersten Maßnahmen nach dem Kauf
Jungbäume müssen nach dem Kauf möglichst schnell in den Boden, sonst besteht die Gefahr, daß die Wurzeln vertrocknen. Am besten stellen Sie den Baum gleich, wenn Sie von der Baumschule kommen, oder auch wenn der Baum per Versand bei Ihnen eingetroffen ist, einige Stunden in einen Eimer voll Wasser.

Nicht pflanzen bei Frostgefahr
Kündigt sich Frost an, ist es besser, das Bäumchen erst im Frühjahr zu pflanzen. Um es zu schützen, wird es folgendermaßen eingeschlagen:

- Heben Sie an einem geschützten Platz eine 30 cm tiefe Grube aus.
- Stellen Sie den Baum mit der Wurzel leicht schräg in diese Grube.
- Decken Sie die Wurzeln gut mit der ausgehobenen Erde ab.
- Bedecken Sie die Grube dicht mit Stroh.

Bodenqualität prüfen
Wenn Sie noch nicht wissen, wie der Boden Ihres Gartens beschaffen ist, das heißt, welche Nährstoffe er enthält, dann sollten Sie jetzt eine Bodenprobe entnehmen. Besser wäre es allerdings, schon vor dem Kauf Ihres Obstbäumchens eine Bodenuntersuchung zu machen (Bodenprobensets zum Beispiel von Neudorff im Fachhandel).

Das Pflanzloch
Das Pflanzloch muß nicht sehr tief, dafür aber mit einem recht großen Durchmesser ausgehoben werden. Außer Birnen, die eine Pfahlwurzel in die Tiefe treiben, bilden alle Obstarten flache, aber lange Wurzeln dicht unter der Bodenoberfläche. Diesen Wurzeln muß man die Chance geben, sich mit ihren weichen Spitzen so weit wie möglich auszubreiten. Bei verdichteten Böden sollte man unter Umständen mit einem großen Bohrer den Lehm an mehreren Stellen durchbrechen, sonst steht der Baum wie in einer Schüssel im Wasser. Können sich die feinen Wurzeln aber nicht ungehindert ausbreiten, so kann der ganze Baum nicht richtig wachsen.

Den Boden verbessern
Als es noch keine Traktoren gab, mit denen man Baumstrünke herausziehen konnte, ließen die Obstbauern die alten Strünke langsam verbrennen, die Asche war der Dünger für den neuen Baum. In der Regel genügt es also, auf den gelockerten Boden der Pflanzgrube einen Eimer Holzasche und zwei Handvoll Steinmehl zu streuen. Außerdem kommen noch ein bis zwei Eimer reifer Kompost in die Grube. Hat sich bei der Bodenuntersuchung ergeben, daß dem Boden gewisse Nährstoffe fehlen, so müssen diese zusätzlich beigegeben werden (→ Seite 22). Wie gepflanzt wird, lesen Sie auf den Seiten 14/15.

Der Anbindepfahl
Jeder Baum muß nach der Pflanzung an einen Holzpfahl angebunden werden.

- Bei Spindelbüschen wählen Sie einen festen Pfahl, der lange hält, denn das Bäumchen muß, solange es lebt, angebunden sein. Die Wurzel von schwachen Unterlagen ist nämlich so klein, daß der Baum durch einen starken Wind umgeworfen würde. Fault der Pfahl nach einigen Jahren durch, muß er ersetzt werden.
- Bei Halb- oder Hochstämmen genügt ein einfacher Tomatenpfahl. Dieser wird im zweiten Jahr entfernt.

Pflanzen am Hang
Wenn Sie Ihren Obstbaum an einen Hang pflanzen, muß die Pflanzgrube etwas größer sein und hangseitig erheblich tiefer. Der Baum steht dann auf einer in den Hang gegrabenen, ebenen Fläche. Um zu verhindern, daß bei starkem Regen der Humus weggespült wird, sollten Sie die Vorderseite der Pflanzfläche mit einigen Steinen oder dicken Brettern absichern.

Pflanzen in der Reihe
Werden mehrere Spindelbüsche in einer Reihe gepflanzt – etwa bei einer Hecke – ist es besser, nicht einzelne Pflanzgruben vorzubereiten, sondern die ganze Reihe etwa 2 m breit auszuheben, zu lockern und zu verbessern. So entsteht ein Pflanzbeet, in dem die Bäumchen besonders gut gedeihen.
Mein Tip: Wenn Sie alte Bäume entfernen und in deren Pflanzlöcher neue Bäume setzen, sollten Sie die Obstart wechseln: Wo Steinobst stand, jetzt Kernobst pflanzen und umgekehrt.

Von der Hauszwetschge gibt es viele Sorten für jedes Klima.

PRAXIS EINPFLANZEN

Ein Baum wird gepflanzt
Vor dem Pflanzen sollten Sie sich unbedingt folgendes Werkzeug zurechtlegen: Spaten, Hacke oder Kultivator, Grabegabel, Schaufel, Pickel, Anbindepfahl, Kokosstrick oder Baumanbinder und Gießkanne oder Schlauch.

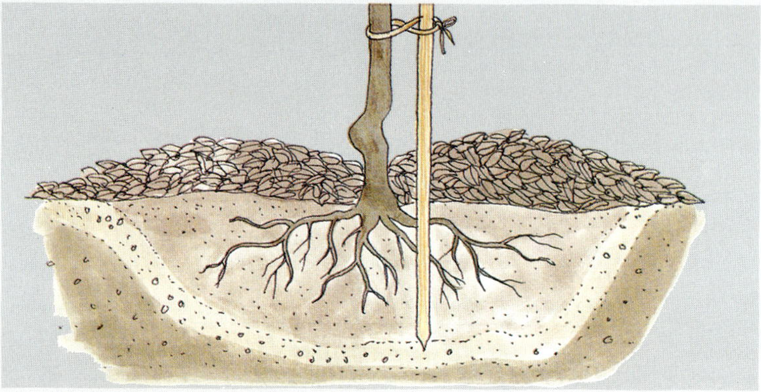

1 *Auf den Boden der Pflanzgrube Holzasche und etwas Steinmehl streuen, darauf 2 Eimer Kompost geben. Nun die ausgehobene Erde auffüllen. Baumscheibe mulchen.*

Das Einpflanzen
Zeichnung 1
Pflanzloch ausheben: Das Pflanzloch wird einen Spaten tief mit einem Durchmesser von 1,5 m ausgehoben. Die Erde legen Sie an die Seite und lockern den Boden des Pflanzlochs nochmals einen Spaten tief. Das geht am besten mit einer Grabegabel, die man in Abständen von 10 cm in den Boden sticht und den Stiel hin- und herbewegt. Bei verdichtetem Boden braucht man einen Pickel. Danach wird die Erde mit einer Hacke oder einem Kultivator gekrümelt. Auf diese gelockerte Schicht gibt man die Nährstoffe, und zwar einen Eimer Holzasche und zwei Handvoll Steinmehl auf den Boden streuen, darüber zwei Eimer reifen Kompost verteilen.
Hinweis: Falls der Pflanzschnitt nicht beim Kauf vorgenommen wurde, führen Sie ihn bitte vor dem Pflanzen aus. Wie es gemacht wird zeigen die Zeichnungen 3 bis 6 auf Seite 15.
Einpflanzen: Der Anbindepfahl muß vor der eigentlichen Pflanzung in den Boden geschlagen werden (→ Zeichnung 2) – danach würde man die Wurzeln des jungen Bäumchens verletzen. Nun wird der Baum in die Pflanzgrube gestellt – und zwar so, daß die Veredelungsstelle 10 bis 15 cm über dem Boden liegt. Lediglich bei Quitte und bei auf Quitte veredelten Birnen befindet sie sich direkt auf Bodenniveau. Nun wird die gut gekrümelte Erde aufgefüllt. Dies muß in derselben Reihenfolge vor sich gehen wie beim Ausgraben: Die Erde, die man zuunterst aus der Pflanzgrube entnommen hat, kommt auch zuerst wieder hinein. Die obere Schicht wird obenauf gefüllt. Dabei sollten Sie das Bäumchen mehrmals leicht anheben und senken, damit sich das Erdreich gut zwischen den Wurzeln verteilt. Rasen- oder Grassoden werden nicht mehr verwendet. Das Gras würde dem Baum zuviel Nahrung und Feuchtigkeit entziehen. Sitzt der Baum gut in seiner Pflanzgrube, sollten Sie nachprüfen, ob er auch gerade steht. Nun treten Sie behutsam die Erde fest und gießen gut an. Dabei setzt sich die Erde, es muß nachgefüllt werden. Eine Mulchschicht aus Stroh, Grasschnitt oder Rindenmulch schützt in der ersten Zeit die Baumscheibe. Die Erde bleibt so locker und feucht.

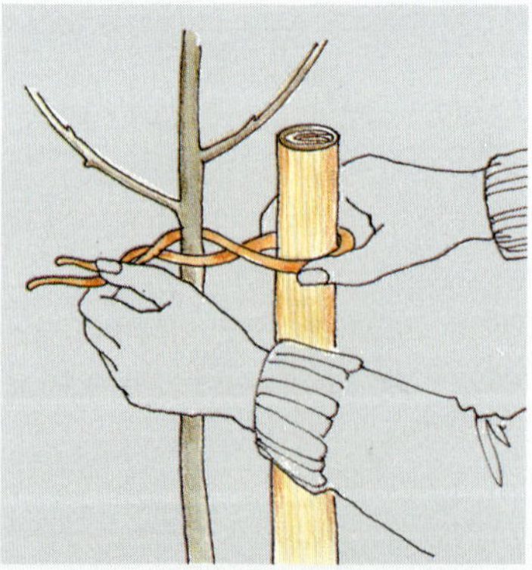

2 *Mit Achterschlinge anbinden. Die Schnur nicht einwachsen lassen.*

Das Anbinden an den Pfahl
Zeichnung 2
Eine weiche Kokosfaserschnur oder als Notbehelf ein Nylonstrumpf wird wie eine Acht fest um Stamm und Anbindepfahl geschlungen.
In den ersten Monaten die Schnur öfter neu binden – sie darf nie einschnüren. Der Saftstrom würde dadurch gehemmt.

Der Pflanzschnitt
Den Pflanzschnitt macht jede Baumschule auf Ihren Wunsch gleich beim Kauf. Aber Sie können ihn auch selbst durchführen – und zwar vor dem Pflanzen.

<u>Die Saftwaage</u>
Zeichnung 3
Vor der Pflanzung werden die drei Leitäste so geschnitten, daß ihre obersten Knospen in der »Saftwaage« sind, das heißt, daß sie alle in derselben Höhe liegen. Nur so wachsen im nächsten Jahr die neuen Triebe und die Verlängerungen der Leitäste gleich lang und gleich stark weiter. Der Mitteltrieb bleibt etwa 20 cm länger als die Leitäste.

3 Die Saftwaage beim Pflanzschnitt: Die obersten Knospen sind in einer Höhe, die Stammverlängerung ist 20 cm höher.

<u>Die Äste</u>
Zeichnung 4
Ein ungeschnittener Jungbaum hat mehrere Triebe. Den Mitteltrieb, die Leitäste und die Konkurrenztriebe. Der Mitteltrieb ist leicht zu erkennen. Er ist quasi die Verlängerung des Stammes.
Als Leitäste sucht man 3 starke Triebe aus, die in möglichst stumpfem Winkel vom Stamm abgehen. Sie sollten nicht auf einer Höhe stehen, sondern auf einem Abschnitt von etwa 50 cm am Stamm verteilt sein. Sitzen die Leitäste zu dicht beieinander, kann es zu Bruchschäden kommen.
Die Konkurrenztriebe, das sind alle starken Triebe außer den Leitästen, werden am Stamm abgeschnitten. Man kann lediglich 2 bis 3 schwache Triebe unbeschnitten stehen lassen, sie bilden im nächsten Jahr viele Blätter und dienen der Ernährung des Baumes durch Assimilation.
<u>Leitäste schneiden:</u> Die 3 Leitäste werden etwa um die Hälfte eingekürzt (Steinobst um $^2/_3$). Geschnitten wird immer über einer nach außen gerichteten Knospe.
So treiben im Frühjahr sämtliche Knospen aus.

<u>Abspreizen</u>
Zeichnung 5 und 6
Die Leitäste sollten in einem Winkel von etwa 45° zum Stamm stehen. Ist dies nicht von Natur aus der Fall, spreizt man die Äste mit Holzstäbchen ab oder beschwert sie mit einem Stein an einer kurzen Schnur. Ist der Winkel zu stumpf, werden die Leitäste mit weicher Schnur näher an den Stamm gezogen.

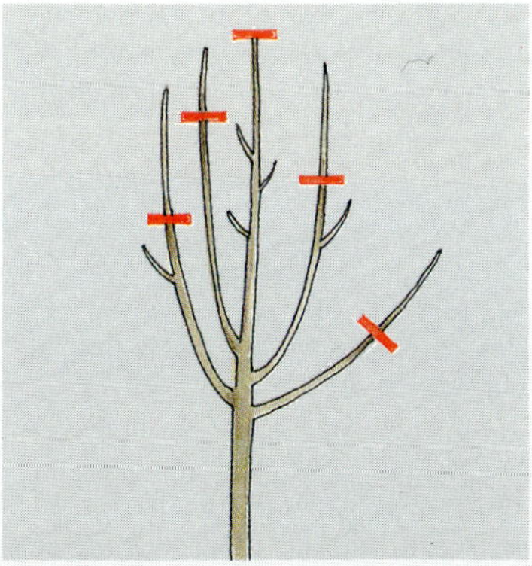

4 Pflanzschnitt: Leitastverlängerungen um die Hälfte kürzen.

5 Abspreizen: Ungünstig stehende Leitäste abspreizen oder aufbinden.

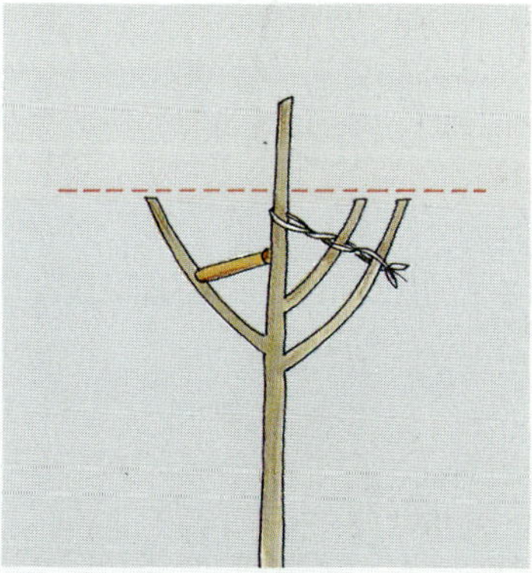

6 So soll der Jungbaum nach dem Pflanzschnitt aussehen.

Was man mit Obstbäumen alles machen kann

Es gibt vielerlei Gründe dafür, Obstbäume nicht nur als Einzelbäume im Garten zu pflanzen: Eine Hecke beansprucht weniger Platz; am Hausspalier reifen wärmeliebende Sorten am besten; ein kleiner Baum im Kübel trägt auch auf dem Balkon Früchte.

Das Hausspalier

Wärmeliebende Birnensorten, Pfirsiche, Aprikosen und Sauerkirschen gedeihen besonders gut an einer warmen Hauswand, an der Wand einer Garage oder eines Schuppens. Hier sind sie vor Spätfrösten, vor Zug und Regen einigermaßen geschützt.
Zudem: Ein gut aufgebautes Obstspalier gibt einem Haus ein ganz unverwechselbares Gesicht.
Wichtig: Ungeeignet für ein Spalier am Haus sind Äpfel, sie bevorzugen frische und kühle Luft.
Ein Gerüst, und zwar ein sehr stabiles, ist die Grundvoraussetzung für ein Obstspalier am Haus. Obstbäume können sich nicht wie Efeu oder Wilder Wein an der Wand festhalten. Sie müssen angebunden werden. Bauen Sie dieses Gerüst mit Sorgfalt (→ Seite 18). Man sieht es im Winter, wenn der Baum die Blätter abgeworfen hat!
Als Baumform wählt man einen so schwachwüchsigen Baum wie nur möglich. Aus gutem Grund: Zum Haus hin können sich die Wurzeln nicht weit ausbreiten. Auch würde die Krone eines starkwüchsigen Baumes nicht im Zaum zu halten sein.
Das Pflanzloch wird genauso vorbereitet wie bei einem freistehenden Baum (→ Seite 14). Es muß 50 bis 70 cm vom Fundament des Hauses entfernt sein. Achten Sie auf den Untergrund: Oft ist rund um ein Haus das Gelände mit Bauschutt aufgeschüttet worden. Darin kann kein Baum gedeihen. Die Pflanzgrube muß in diesem Fall vollständig ausgeräumt und mit guter Erde und Kompost aufgefüllt werden.
Die Pflege ist kaum anders als bei einem freistehenden Baum. Die Baumscheibe sollte freigehalten werden. In trockenen Sommern muß man den Spalierbaum wässern.

Die Spalierformen

Es gibt mehrere bewährte Spalierformen, die mehr oder weniger leicht zu ziehen sind – auch von einem Hobbygärtner (→ Seite 18).
Das lockere Spalier ist einfach aufzubauen und sieht gut aus. Für diese Form eignen sich vor allem Birnen, aber auch Pfirsiche. Aprikosen kann man nur schwer so »ordentlich« ziehen.
Das Fächerspalier kann sehr schön auch um Fenster und Balkone herumgezogen werden. Geeignet sind Sauerkirsche, Pfirsich und Aprikose.
Das klassische Formspalier ist sehr arbeitsaufwendig und von Laien kaum zu gestalten. Man sieht die strengen Schnurspaliere und Palmetten nur noch in einigen botanischen Gärten. Wenn Sie ein solches Spalier, für das sich nur Birnen eignen, an Ihrem Haus ziehen wollen, sollten Sie sich mit einem Obstbaufachmann in Verbindung setzen, der diese Kunst beherrscht.

Die Obsthecke

Wer in einem kleinen Garten viel und dazu noch verschiedenes Obst ernten möchte, pflanzt eine Obsthecke.
Als Baumform eignen sich beim Kernobst Spindelbüsche, beim Steinobst kleine Formen auf schwachwüchsigen Unterlagen. Zwetschgen, Mirabellen und Süßkirschen sind wegen der großen Kronen nicht für Hecken geeignet, dafür aber Äpfel, Birnen, Quitten, Sauerkirschen, Aprikosen und Pfirsiche.
Die Abstände von Baum zu Baum müssen in einer Hecke 2 bis 2,5 m betragen. Pflanzt man zu eng, bekommen die Früchte zu wenig Sonne und reifen schlecht.

Heckenformen

Die einfache Baumhecke besteht aus einer Reihe Spindelbüsche, die nebeneinander gesetzt werden. Jeder hat seinen Anbindepfahl und wächst als eigenständiger Baum. Diese Hecke braucht viel Platz.
Die Spalierhecke wird an einem freistehenden Spalier aus Drähten gezogen. Sie wird sehr dicht, und die Früchte reifen dennoch gut, weil sie Licht von zwei Seiten hat.

Hier reift sie sicher: Birnensorte 'Tongern' als Hausspalier.

Die Bouché-Thomas-Hecke besteht aus ineinander verflochtenen Bäumen und wird sehr dicht.

Obstbäume im Kübel

Bäumchen im Kübel leben zwar nicht allzu lange, aber sie bringen recht ordentliche Ernten und sehen vor allem während der Blüte zauberhaft aus.
Geeignet sind Äpfel auf schwachwachsenden Unterlagen (M 27), Birnen auf Quittenunterlage, Pfirsich und Aprikose auf Pflaumenunterlage, Renekloden und Mirabellen auf Schlehen und Sauerkirschen. Neuerdings sind aber auch spezielle, für die Topfkultur gezüchtete Zwergformen auf dem Markt (→ Seite 11).

Topfbäume selbst ziehen

Selber ziehen ist erheblich preiswerter, als ein Bäumchen fertig zu kaufen.

- Man kauft im Herbst eine einjährige Veredelung, kürzt die Wurzeln etwas ein und pflanzt das Bäumchen in ein Beet in den Garten.
- Im Frühjahr die Krone in die gewünschte Form schneiden.
- Die seitlichen Triebe etwas abspreizen, die nach innen wachsenden Triebe während des Sommers herausnehmen.
- Im folgenden Frühjahr den Baum in einen großen Kübel pflanzen.
- Als Substrat eignet sich Komposterde, die man hin und wieder mit Horn-Knochenmehl nachdüngt.

Weitere Pflege der Topfbäumchen

Die Obstbäume im Kübel müssen alle zwei bis drei Jahre umgetopft werden. Dabei muß man die Wurzeln etwas einkürzen. Den Winter verbringen die Kübelpflanzen im Freien. Der Kübel mit dem Wurzelballen wird gut in Stroh und Noppenfolie eingepackt.

Hausspaliere

Das Gerüst für Ihr Spalier sollten Sie mit Sorgfalt bauen – im Winter ist es sonst kein schöner Anblick.

So wird das Gerüst gebaut:
Zeichnung 1

- Gehobelte und mit Leinöl imprägnierte Dachlatten im Abstand von 50 cm senkrecht auf die Fassade dübeln.
- An den Dübelstellen ein etwa 1,5 cm dickes Holzklötzchen unterlegen, damit die Latten nicht direkt auf der Wand aufliegen. So wird das Spalier von hinten durchlüftet, die Holzlatten halten viel länger.
- Auf die senkrechten Latten ebenfalls im Abstand von 50 cm waagrecht gehobelte und imprägnierte Querlatten aufschrauben oder -nageln.

Eine andere Methode (geeignet für das Fächerspalier und kleinere Wände):

- Drei bis vier kräftige Latten mit Abstandsklötzchen im Mauerwerk verdübeln.
- Darauf im Abstand von 50 cm Querlatten schrauben.

Und so zieht man den Spalierbaum:
Das lockere Spalier
Zeichnung 2

- Die beiden unteren Seitentriebe der Krone im flachen Winkel an das Gerüst anbinden, den Mitteltrieb 50 cm darüber abschneiden.
- Unterhalb der Schnittstelle bilden sich neue Triebe. Die beiden kräftigsten werden wiederum auf beiden Seiten auf die nächsthöhere Latte gebunden, einer wird als Mitteltrieb nach oben gezogen.
- Alle anderen Triebe abschneiden.
- Im kommenden Frühjahr wiederum den neuen Mitteltrieb 50 cm über der zweiten Astgabelung abschneiden und die neuen Seitentriebe seitlich anbinden.
- So geht das weiter, bis die Wand bedeckt ist. Nach oben wachsende Triebe aus den Seitenästen werden an die senkrechten Latten angebunden, zu dicht stehende Triebe abgeschnitten. Alle starken Triebe, die nach vorn wachsen und alle, die nicht in die Form passen, schneidet man ebenfalls ab.

Das Fächerspalier:
Zeichnung 3

- Den Mitteltrieb des Jungbaumes im Bogen nach einer Seite fast in die Waagrechte biegen und am Gerüst gut anbinden.

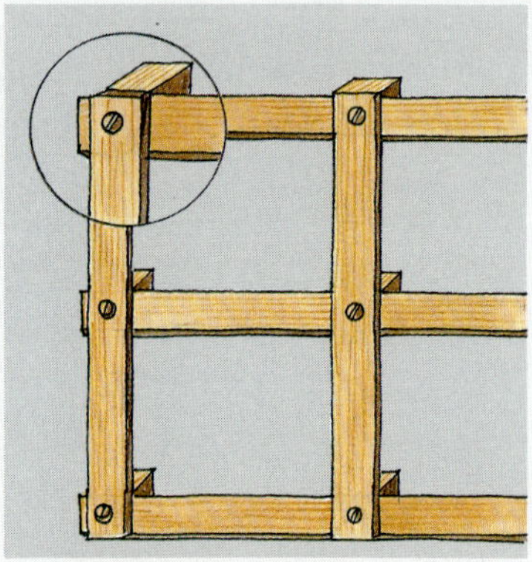

1 Stabiles Wandgerüst aus Latten mit Abstandsklötzchen.

- Auf dem Bogen bilden sich starke senkrechte Triebe, die man nach rechts und links biegt und anbindet.
- Überflüssige Triebe auf Astring schneiden.
- Das Umbiegen geht so lange, bis die Wandfläche bedeckt ist. Je stärker ein Trieb wächst, desto kräftiger muß man ihn in die Waagrechte biegen. Beim Biegen aber aufpassen, daß die Triebe nicht brechen – der beste Zeitpunkt ist Juli/August, wenn die Triebe schon kräftig, aber noch biegsam sind.

Wichtig: Kontrollieren Sie immer die Anbindestellen, die Bindeschnur darf Stamm und Äste nicht einengen.

2 Lockeres Hausspalier. Diese Form kann sogar um Fenster herum gezogen werden.

3 Fächerspalier. Die Haupttriebe wachsen an der höchsten Stelle der umgebogenen Mitteltriebe.

Heckenspaliere
Das Gerüst:
Zeichnung 4a und 4b
a) Als senkrechte Stütze kesseldruckimprägnierte Holzpfähle (Durchmesser etwa 10 cm, Länge 2,2 m) im Abstand von 5 m 60 bis 70 cm tief in den Boden schlagen.
- Anstelle von Holzpfählen kann man auch Eisenrohre verwenden, die einbetoniert werden. Sie halten länger.

b) Verzinkten oder kunststoffummantelten Draht von Pfahl zu Pfahl spannen und mit Drahtspannern stramm ziehen.
- Die beiden Endpfähle schräg einschlagen und mit Schraubenankern im Boden fest verankern.
- Der unterste Draht ist 50 cm über dem Boden, die nächsten jeweils 50 cm über diesem.

4a Holzpfähle halten länger in einem einbetonierten »Schuh«.

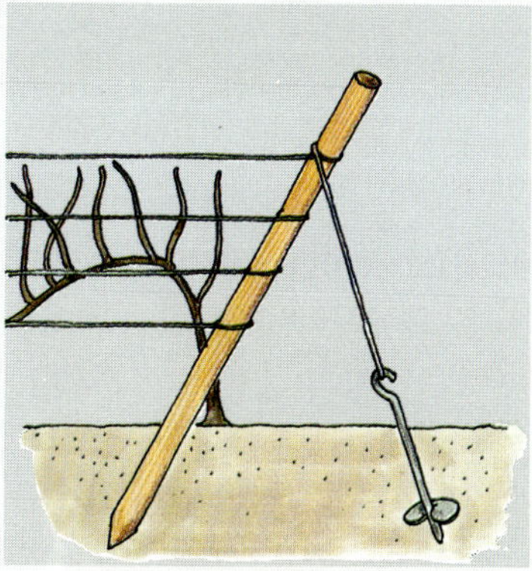

4b Schräge Pfähle werden durch Schraubanker festgehalten.

Heckenformen
Die Spalierhecke
Zeichnung 5
- Nach der Pflanzung einen Seitentrieb nach rechts, einen nach links ziehen, den Mitteltrieb einkürzen.
- In den folgenden Jahren im Juli/August die beiden stärksten Seitentriebe rechts und links am Draht anbinden, den Mitteltrieb wieder einkürzen und alle übrigen Triebe abschneiden.
- Hat der Baum eine Höhe erreicht, in der man alle Arbeiten noch ohne Leiter verrichten kann, den Mitteltrieb auf den obersten Draht herunterbiegen und anbinden.

Instandhaltungsschnitt: Alle nach vorne und rückwärts stark wachsenden Triebe abschneiden, ebenso alle sich auf der Biegung des Mitteltriebs bildenden Triebe. Neutriebe der Seitenäste anbinden oder auslichten. Die Hecke darf ruhig dicht werden.

Bouché-Thomas-Hecke
Zeichnung 6
- Jungbäume im Winkel von 30° schräg einpflanzen, die Veredelungsstelle muß hier ausnahmsweise im Boden sein.
- Der stärkste Trieb wächst nun nach oben, er wird nach der anderen Seite gebogen, dort trifft er mit dem Haupttrieb des Nachbarbaumes zusammen.
- An der Kreuzungsstelle werden die Triebe zusammengebunden. So entsteht eine gitterartige Hecke, die nicht angebunden werden muß. Die sorteneigenen Wurzeln aus der Veredelungsstelle geben ihr Standfestigkeit genug.

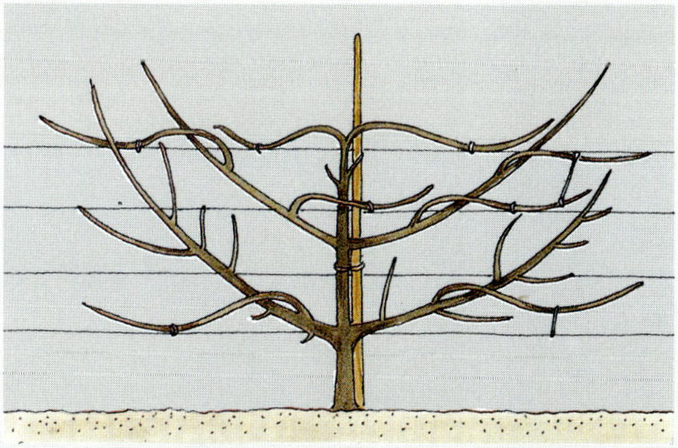

5 Spalierhecke. Die Früchte reifen sehr gut, da sie von 2 Seiten Licht bekommen. Ernte und Pflege sind leicht.

6 Die Bouché-Thomas-Hecke trägt sich selbst – ein Baum stützt den anderen. Sie wird sehr dicht.

Eine Auswahl an feinen Äpfeln: Wer würde da nicht Appetit bekommen. Oder Lust darauf, eine dieser Sorten – oder eine andere – im eigenen Garten zu ziehen. Außer den bewährten Sorten werden inzwischen wieder viele alte ortsbezogene Apfelsorten von guten Baumschulen angeboten. Fragen Sie danach, es lohnt sich. Zumal eine ganze Anzahl der »guten alten« Sorten auch auf Niederstamm veredelt werden kann.

Kardinal Bea

Ontario

Grahams Jubiläumsapfel

'scovery

loster

ala

Mac Intosh Roger

James Grieve

Boskoop

Melrose

Gewürzluiken

So kommt man zu reicher Ernte

Nur gut gepflegte Obstbäume bringen reiche Ernte. Im Privatgarten kann man es sich leisten, ausschließlich mit natürlichem Material zu düngen. Das erfordert zwar etwas Mühe, der Lohn sind aber gesunde, aromatische Früchte. Alle anderen Pflegemaßnahmen richten sich nach Wetter, Jahreszeit und nach Zustand des Baumes.

Richtig düngen

Für die Qualität des Obstes spielt die Düngung nicht die Hauptrolle – Sorte, Unterlage, Witterung, Schnitt und Bodenverhältnisse sind genauso wichtig. Mit anderen Worten: Wenn Sie die falsche Sorte für Ihr Klima gewählt haben, wenn Ihr Kirschbaum in nassem Erdreich steht, nützt auch die perfekteste Düngung nichts.

Damit der Obstbaum sich über viele Jahre gut entwickelt und reichlich Früchte trägt, sollte aber gedüngt werden. Der Baum ist zwar durchaus in der Lage, sich mit seinen sehr breit verzweigten Wurzeln mehrere Jahre lang aus dem Humus im Boden zu ernähren, aber irgendwann sind die Reserven erschöpft.

Das gilt vor allem für kleine Formen, deren Wurzelwerk weniger ausgeprägt ist. Die Aufgabe des Gärtners ist es, dafür zu sorgen, daß der Baum im Boden immer Nahrungsreserven vorfindet. Und diese Reserven setzen sich aus vielen Komponenten zusammen:

Stickstoff (N) braucht der Baum zur Bildung von Neutrieben und Blättern. Zuviel Stickstoff verursacht Schorf und Stippigkeit, die Früchte sind wäßrig, der Säuregehalt nimmt ab, die Früchte werden fade. Äpfel lassen sich nicht lagern. Zu wenig Stickstoff bewirkt schlechtes Wachstum und geringe Blüten- und Fruchtbildung.

Phosphor (P) braucht der Baum vor allem zur Bildung der Früchte. Bei Phosphormangel reifen die Früchte nicht gut, faulen schnell. Der Baum blüht nur spärlich, die Blüten sind blaß.

Kalium (K) sorgt dafür, daß der Baum widerstandsfähig gegen Schädlinge, Krankheiten und Frost ist. Bei Kaliummangel sind die Früchte fade im Geschmack und faulen schnell. Die Blätter vertrocknen vor dem Herbst. Das Gewebe der Triebe ist schwach und sehr anfällig, vor allem, wenn der Baum gleichzeitig zuviel Stickstoff bekommen hat. Zuviel Kalium hat auch fatale Folgen: Der Baum kann nicht ausreichend Kalk und Magnesium aufnehmen. Die Früchte bleiben dann klein und sauer.

Kalk (Ca) erhöht die Qualität der Früchte und ist ein guter Bodenverbesserer – aber die Menge muß stimmen. Ist zuviel Kalk im Boden, nimmt der Baum keine Nährstoffe mehr auf – und die braucht er. Messen Sie also vor der Kalkung den pH-Wert: Äpfel und Quitten mögen pH-Werte um 6, Birnen und Steinobst Werte von 6 bis 7. Liegt der pH-Wert darunter, muß gekalkt werden.

Magnesium (Mg) ist ein sehr wichtiger Nährstoff, der jahrelang unterschätzt wurde. Jede Pflanze – auch der Obstbaum – braucht es, um genügend Chlorophyll (Blattgrün) zu bilden, das wiederum für die Nährstoffaufnahme aus der Luft (Photosynthese) verantwortlich ist.

Spurenelemente wie Mangan (Mn), Zink (Zn), Eisen (Fe), Kupfer (Cu) und Bor (B) nimmt auch ein Baum nur in winzigen Mengen auf, aber sie sind lebensnotwendig.

Wann düngen?

Wenn Sie Ihre Obstbäume mit natürlichen Nährstoffen düngen, geben Sie ihnen Vorratsdünger, der zwar langsam wirkt, aber lange verfügbar ist. Deshalb ist der genaue Zeitpunkt gar nicht so wichtig. Dennoch sollte man sich bei jungen und kleinwüchsigen Bäumen an einen Düngerfahrplan halten, damit dem Baum zum richtigen Zeitpunkt auch wirklich die Nährstoffe zur Verfügung stehen, die er braucht. Ältere Hochstämme müssen nur bei sichtbaren Nährstoffmängeln gedüngt werden – eine Kompostschicht auf der großen Wurzelfläche genügt im allgemeinen.

Die Herbstdüngung dient der Kräftigung des Jungbaumes und der Neutriebe im nächsten Frühjahr. Sie ist die wichtigste Düngung. Geeignet sind Kompost und Stallmist.

Obstgarten am Haus: Wenn Bäume so eng stehen wie hier, muß immer gut geschnitten werden.

Die Blütedüngung wird kurz vor Beginn der Blüte durchgeführt. Der Baum bekommt reichlich Wasser, Pflanzenbrühen oder flüssigen Naturdünger (→ Seite 24).
Die Blütenknospendüngung fördert den Knospenansatz für das kommende Jahr. Sie wird für Birnen und Kirschen im Juni, für alle anderen Obstarten im Juli durchgeführt. Diese Düngung kann entweder aus gut verrottetem Kompost, Stallmist oder aus Flüssigdüngern bestehen – und jetzt kann man fehlende Nährstoffe beigeben.

Die Fruchtdüngung folgt etwa vier Wochen nach der Blütenknospendüngung mit Pflanzenbrühe – nun sollte aber so wenig Stickstoff wie möglich gegeben werden. Stickstoff würde jetzt eine übermäßige Triebentwicklung bewirken – diese Triebe wären nicht mehr winterhart.

Womit düngen?

Kompost ist der beste Dünger für Obstbäume im Kleingarten. Er wird etwa 10 cm dick auf die Baumscheibe gepackt und im Herbst noch mit Stroh abgedeckt.

Stallmist muß gut verrottet sein, er wird im Herbst nur schleierdünn auf die offene Baumscheibe gestreut.
Organische Mischdünger (Horn-Knochenmehle oder organisch-mineralische Dünger) werden, mit etwas Steinmehl vermischt, flach in die Baumscheibe eingearbeitet. Man wendet sie auf mageren oder zu lehmigen Böden an. Sie eignen sich für die Blüten- und Blütenknospendüngung.
Flüssigdünger zur Blüten- und Blütenknospendüngung sowie zur Fruchtdüngung muß man selbst

herstellen (Rezept → Kasten rechts). Er wird bei nicht ausreichender Kompostdüngung eingesetzt.
Kräuterjauchen, vorwiegend aus Brennesseln und Beinwell, gibt man im Sommer. Sie reichen aus, wenn man im Herbst die genügende Menge Kompost gegeben hat.
Holzasche tut Obstbäumen besonders gut, sie enthält viel Kalium. Schütten Sie zwei- bis viermal im Jahr (je nach Größe des Baumes) eine Schaufel auf die Baumscheibe.
Gründüngung, vorwiegend mit Leguminosen (zum Beispiel Lupinen, Blatterbsen, Wicken), kann einen Teil der Herbstdüngung mit Kompost ersetzen. Die Blattmasse bleibt als Mulch auf der Baumscheibe liegen.

Wie düngen?
Unter einem Obstbaum kann die Erde nicht tief bearbeitet werden, weil die Wurzeln dicht unter der Erdoberfläche liegen.
Feste Nährstoffe aus Kompost, Stallmist, auch Holzasche und organische Dünger werden nur oberflächlich eingearbeitet.
Flüssige Dünger bringt man so aus:
- In Höhe der Kronentraufe sticht man mit einer Grabegabel ringsum im Abstand von 20 cm in die Erde und bewegt den Stiel hin und her.
- In den so entstandenen Erdspalt gibt man den Flüssigdünger.
- Nun wird Wasser nachgegossen, damit die Nährstoffe gründlich in den Boden geschwemmt werden.

Weitere Pflegemaßnahmen
Hier noch einige spezielle Pflegetips, die Sie im Interesse eines gesunden Obstbaumes beachten sollten.
Die Baumscheibe
Baumscheibe nennt man den offenen Boden rund um den Baum. Sie muß immer offen gehalten werden. Ein Bewuchs nimmt dem Baum Wasser und Dünger weg. Nur bei älteren Hochstämmen kann man sie mit Gras oder Rasen zuwachsen lassen. Ausnahme: Gründüngung aus Leguminosen oder Kapuzinerkresse, die gegen Blutläuse hilft.

Flüssigdünger selbst gemacht
Auf 50 Liter Wasser werden angesetzt:
2 kg Holzasche oder 1 kg Ruß oder 5 kg Kuhfladen oder 10 kg Geflügeldünger oder 3 kg Guano oder eine Mischung aus 750 kg Holzasche, 1 kg Hornspäne, 1 kg Kuhfladen, 2 Handvoll Algenkalk.
- Die Zutaten in einen Jutesack geben, in ein Faß hängen.
- Etwa 4 Wochen in der Sonne gären lassen.
- Dann 1:5 verdünnt (2 l Dünger auf 10 l Wasser) verwenden.

Kräuterbrühen
In ein Kunststoffaß mit 50 l Inhalt grob zerkleinerte Brennesseln oder Beinwell oder beides gemischt zur Hälfte locker füllen.
- Mit Regenwasser auffüllen, 2 bis 3 Wochen zugedeckt gären lassen.
- 1:10 (1 Liter auf 10 Liter Wasser) verdünnt ausbringen.

Mulchen
Gemulcht wird auf der Baumscheibe. Das hält den Boden feucht und locker und unterdrückt das Unkraut. Mulchmaterialien können Grasschnitt, Stroh und Rindenmulch sein. Vor der Herbstdüngung entfernen, sonst nisten sich Mäuse und Schädlinge darunter ein.

Fallobst
Auf dem Boden liegendes Obst sollten Sie regelmäßig aufsammeln. Verrottet es unter dem Baum, verbreiten sich Schädlinge und Krankheiten. Vor allem der Apfelwickler überwintert in den heruntergefallenen Äpfeln.

Gießen
Jungbäume müssen im ersten Jahr nach der Pflanzung regelmäßig gegossen werden, später nur Spalierbäume und Bäume auf schwachwüchsigen Unterlagen in sehr trockenen Perioden gießen. Den Gartenschlauch etwa im Bereich der Kronentraufe auf die Baumscheibe legen und 30 Minuten schwach fließen lassen oder mit dem Regner gießen.

Wunden
Sie entstehen an Stamm und Ästen entweder bei einem kräftigen Rückschnitt oder wenn ganze Äste abbrechen (zum Beispiel durch Sturm, Frost, Hagel oder zu üppigen Fruchtbehang) sowie durch Wildverbiß. Sie sind Eingangspforte für Bakterien und Pilze, oft auch Ursache für den gefürchteten Obstbaumkrebs. Jede Wunde, die größer als ein Fünfmarkstück ist, muß behandelt werden. Mit einem scharfen Messer (der Hippe) werden die Wundränder glattgeschnitten. Krebsstellen werden bis ins gesunde Holz hinein ausgeschnitten, bei Frostschäden schneidet man ebenfalls bis ins grüne Holz. Die offenen Schnittstellen werden mit einem Wundverschlußmittel bestrichen. Sehr große Wunden, etwa wenn ein ganzer Ast abgerissen ist, oder wenn Wildtiere viel Rinde abgefressen haben, kann man so behandeln:
- $^2/_3$ Lehm mit $^1/_3$ Kuhmist (ohne Stroh) gut vermischen, daß eine feste, feuchte Paste entsteht.
- Diese Paste dick auf die Wunde streichen. Einen Jutesack oder ein anderes grobes Tuch darüberbinden. Immer gut feucht halten.

Stammanstrich
Bäume, die im Winter in der vollen Sonne stehen, brauchen einen Stammanstrich. Durch den ständigen Wechsel von Frost und Besonnung entstehen große Spannun-

Wasserschosse an einer Birnen-Spindel.

Triebausschläge, Folge einer Verletzung am Stammgrund.

gen in der Rinde, es bilden sich Risse und Schrunden, in denen sich Krankheitskeime, Pilzsporen und Schädlinge einnisten können. Durch einen hellen Stammanstrich wird dieser Schaden verhindert. Zum Anstreichen des Stammes verwendet man Kalkbrühe (die es auch fertig zu kaufen gibt), speziellen biologischen Stammanstrich (Preiobact) oder einen selbst gemischten Stammanstrich.

Das Rezept:

$^1/_3$ Bentonit (oder Lehm), $^1/_3$ Algenkalk, $^1/_3$ strohfreien Kuhmist (den man allerdings ein paar Tage einweichen muß).

Mein Tip: Wenn Sie nur einen Baum im Garten haben, können Sie im Winter auf die Südseite und Ostseite des Stammes ein Brett stellen, es erfüllt denselben Zweck wie ein Stammanstrich.

Triebausschläge

Es handelt sich hier um Triebe, die sich manchmal am Grund eines Baumstammes bilden. Ursache ist meistens eine Verletzung des Stammes an dieser Stelle, etwa beim Mähen. Die Erde wird rund um den Stamm beiseite geschoben – nicht graben, damit die Wurzeln nicht verletzt werden. Dann schneidet man diese Triebe mit einem scharfen Messer an der Ansatzstelle ab. Wenn man sie nur ein paar Zentimeter über dem Boden abschneidet, kommen sie immer wieder. Das beeinträchtigt das Wachstum des Baumes.

Wasserschosse

Senkrechte Triebe, die nach einem starken Rückschnitt in Massen auftreten können, nennt man Wasserschosse oder Reiter. Sie nehmen dem Baum die Kraft für die Fruchtbildung. Deshalb werden diese Triebe bis auf wenige, die man zur Verjüngung braucht, im Juni direkt am Ast abgeschnitten.

Früchte ausdünnen

Diese Maßnahme wird notwendig, wenn ein Baum, vor allem Birnen, Pfirsiche und bestimmte Apfelsorten, zu viele Früchte ansetzt. Dieses Ausdünnen kann man nur bei kleinen Spindelbäumen praktizieren. Im Juli, wenn die Früchte etwa nußgroß sind, nimmt man etwa die Hälfte heraus. Man läßt nur die größten stehen, und zwar so, daß etwa alle 10 cm eine Frucht hängt. So werden die übriggebliebenen Früchte größer, auch die Knospenentwicklung fürs nächste Jahr, die ja jetzt beginnt, wird besser. Warten Sie aber auf jeden Fall den Juni ab. Zu diesem Zeitpunkt werfen viele Obstbäume eine ganze Menge überflüssiger grüner kleiner Früchte ab.

Schneiden ist überlebenswichtig

Schnitt-Muster für Obstbäume

Läßt man einen Obstbaum wachsen, wie er will, hat er bald eine struppige dichte Krone, in der sich nur wenige, sehr kleine Früchte bilden und Pilzkrankheiten sich schnell ausbreiten können.
Durch die Vergreisung der Äste werden schließlich nur noch schwache Neutriebe gebildet. Der Obstbaumschnitt ist also überlebenswichtig für den Baum.

Vorab sei gesagt: Man kann den richtigen Obstbaumschnitt nicht allein aus einem Buch lernen. Wenn Sie mehrere Obstbäume in Ihrem Garten haben, tun Sie gut daran, im Winter einen Kurs über Obstbaumschnitt zu besuchen. Obst- und Gartenbauvereine, Siedlervereine und auch Volkshochschulen bieten solche Kurse an. Haben Sie nur zwei oder drei Bäume, können Sie sich von einem Fachmann der Baumschule, bei der Sie die Bäume gekauft haben, beraten lassen. Er schneidet Ihren Baum ein- oder zweimal und zeigt Ihnen dabei, worauf es ankommt.

Warum Obstbaumschnitt?
Ein richtig geschnittener Obstbaum hat eine lichte Krone, in der alle Früchte ausreichend Licht und Sonne bekommen. Das ist wichtig für Reifung und guten Geschmack. In einer lichten Krone bildet sich auch Fruchtholz – also fruchttragende Triebe – an den ganzen Ästen entlang, nicht nur an der Spitze. Das bedeutet größere Ernten und jedes Jahr etwa denselben Ertrag. Gut geschnittene Bäume werden zudem nachweisbar von weniger Krankheiten befallen. Vor allem Pilzkrankheiten haben keine Chance, weil die Blätter nach Regenfällen schnell abtrocknen und nie ein feuchtwarmes Mikroklima in der Krone entsteht, das Krankheiten fördert. Baumschnitt ist also auch vorbeugender Pflanzenschutz.

Schneiden in jedem Alter?
Vom Pflanzschnitt war auf Seite 15 schon die Rede. Doch damit ist es nicht getan, ein Baum muß in jedem Alter auf besondere Art geschnitten werden.
Der Erziehungsschnitt ist jedes Jahr notwendig, bis die Krone ihre endgültige Form und Größe hat. Bis dahin werden auch noch Äste abgespreizt und heraufgebunden. Während dieser Periode können ungenügend entwickelte Leitäste noch durch neue Jungtriebe ersetzt werden.
Der Instandhaltungsschnitt dient dazu, die Krone ständig in Ordnung zu halten. Jetzt wird nur noch Überflüssiges weggenommen, damit sich genügend Fruchtholz bildet.
Der Verjüngungsschnitt setzt ein, wenn sich am alten Holz keine Fruchttriebe mehr bilden. Das kann bei einem kleinwüchsigen Baum schon nach 10 Jahren, bei einem Hochstamm nach 20 Jahren sein. Nun wird scharf zurückgeschnitten.
Der Auslichtungsschnitt wird bei sehr alten, ungepflegten Obstbäumen notwendig, die viele Jahre nicht geschnitten wurden, aber auch bei den meisten Streuobstarten, bei denen es den Erziehungsschnitt im herkömmlichen Sinne gibt. Auch hier muß recht radikal vorgegangen werden, damit sich wieder neues Fruchtholz bildet.

Wann wird geschnitten?
Der richtige Zeitpunkt für den Baumschnitt ist der späte Winter oder das zeitige Frühjahr, wenn die Bäume noch nicht im Saft stehen. Jetzt überblickt man in den blattlosen Kronen gut, wo korrigiert werden kann und muß.
Der Sommerschnitt an Jungbäumen wird in den letzten Jahren mehr und mehr praktiziert. Er ist eine Ergänzung des Winterschnitts und wird im Juli/August durchgeführt. Der Schnitt im Sommer fördert den Kronenaufbau, weil überflüssige Triebe, die den Haupttrieben Konkurrenz machen, weggenommen werden.

Reiche Ernte belohnt für die gute Pflege des Obstbaums: ein Apfelbaum im Herbst. ▷

PRAXIS SCHNEIDEN I

Das Werkzeug: Eine gute Gartenschere, eine Astschere, eine Bügelsäge und eine Hippe.

Erläuterung der Fachausdrücke
Zeichnung 1
Ein paar Fachausdrücke muß man kennen, um den Baumschnitt richtig zu verstehen. Deshalb unsere Schemazeichnung 1.
Jeder Obstbaum folgt in etwa denselben Gesetzen:

- Alle Triebe wollen möglichst viel Licht, wachsen also in die entsprechende Richtung.
- Die Knospe, die am höchsten steht, treibt am kräftigsten aus. Deshalb darf kein Seitentrieb die Stammverlängerung überragen.
- An senkrecht nach oben wachsenden Trieben bildet sich kaum Fruchtholz, dafür aber lange Triebverlängerungen.
- An stark zurückgeschnittenen Ästen entstehen wenige, aber kräftige Neutriebe.
- An schwach zurückgeschnittenen Ästen bilden sich viele schwache, aber fruchttragende Triebe.

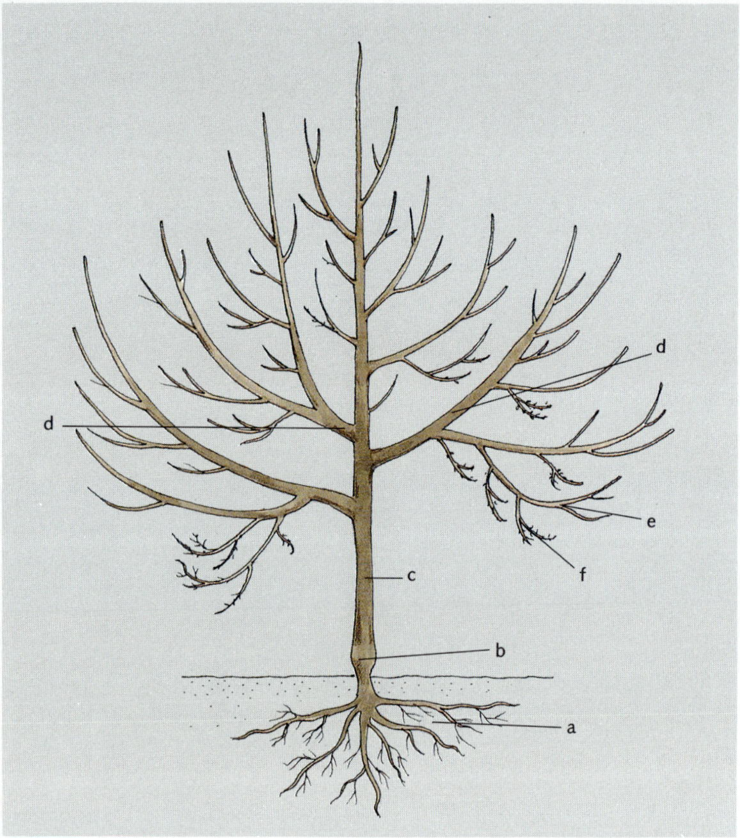

1 Der Aufbau eines Obstbaumes mit a) Wurzel, b) Veredelungsstelle, c) Stamm, d) Leitästen, e) Fruchtästen und f) Fruchttrieben.

2 Fruchtholz-Rotation. Unten schneiden, oben wächst neues.

3 Triebförderung. Auf einem waagrecht gebundenen Trieb bildet sich oben schnell kurzes Fruchtholz.

Die Bildung von Fruchtholz
Zeichnung 2
Zweige, die Früchte tragen, neigen dazu, im Laufe der Jahre nach unten zu hängen – das hat zur Folge, daß sich an der höchsten Stelle des nach unten gebogenen Zweiges neue kräftige Triebe bilden. Drei- bis vierjähriges Fruchtholz, das nach unten zeigt, wird deshalb abgeschnitten bis zu der Stelle, wo der neue Trieb ansetzt. Nun wird dieser Trieb Früchte tragen und – dem Naturgesetz folgend – wieder nach unten hängen. Dieser Vorgang wiederholt sich ständig.

Triebförderung durch Waagrechtbinden
Zeichnung 3
Damit der neue Jungtrieb bald Früchte trägt, wird er waagrecht gebunden. So bilden sich auf der Oberseite des Triebs kurze Fruchttriebe und bald Früchte. Vorsicht: Wird der Trieb zu weit nach unten gebunden, bildet sich nur an der höchsten Stelle ein kräftiger Trieb. Der Winkel sollte also etwas weniger als 90° betragen.
Die Zeichnung zeigt als Kontrast einen nicht waagrecht gebundenen, aber geschnittenen Trieb. Er trägt keine Früchte, treibt aber mehrere neue Jungtriebe – das kann zur Kronenerziehung ebenfalls wichtig sein.

Auf Astring schneiden
Zeichnung 4
Alle Triebe, Äste und Zweige, die zu steil nach oben wachsen, müssen auf Astring abgeschnitten werden. Ebenso Triebe, die als Konkurrenztriebe auftreten. Der Zweig wird mit einem scharfen Messer direkt am Stamm oder Ast so abgeschnitten, daß die Schnittstelle etwas nach unten zeigt. Das verhindert, daß Feuchtigkeit in das Holz eindringt und sich Krankheitskeime ausbreiten.

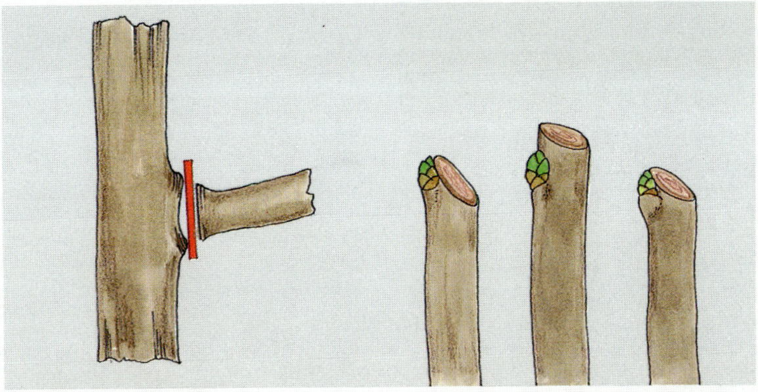

4 Auf Astring schneiden. So heilt die Wunde am schnellsten.

5 Auf Knospe schneiden. Links zu tief, Mitte zu hoch, rechts richtig.

6 Ein großer Ast wird in zwei Arbeitsschritten abgesägt. Rechts: Wundbehandlung bei kleinen und großen Wunden.

Auf Knospe schneiden
Zeichnung 5
Um die Verzweigung eines Triebes anzuregen, wird ein Trieb »auf Knospe« geschnitten. Das ist vor allem beim Pflanz- und Erziehungsschnitt der Fall, der ja eine gleichmäßige Krone bewirken soll.
Nur wenn richtig auf Knospe geschnitten ist, verzweigt sich der Trieb optimal.
Der Trieb wird $1/2$ cm über einer nach außen stehenden Knospe abgeschnitten.

Schneiden eines Astes
Zeichnung 6
Beim Auslichten und Verjüngen muß auch mal ein Ast abgesägt werden: Den Ast etwa 20 cm vom Stamm entfernt von unten bis in die Hälfte einsägen. 5 cm weiter vom Stamm weg von oben einsägen. Der Ast bricht ab. Den Stummel so absägen, daß der Astring stehen bleibt. Von ihm aus wächst eine Kallusschicht über die Wunde.
Wundbehandlung: Wurde ein starker Ast abgesägt, muß man die Wunde versorgen (→ Pflege, Seite 24).

PRAXIS SCHNEIDEN II

In jedem Alter braucht der Baum einen anderen Schnitt.
Bei all den im weiteren genannten Schnittmaßnahmen gilt vor allem: Behutsam und sensibel sollte man stets mit dem Messer umgehen. Ein Obstbaum muß nicht jeden Winter radikal zurückgeschnitten werden – oftmals reichen auch schon kleinere Korrekturen. Den Baum also genau anschauen – und nur schneiden, wann und wo es notwendig ist!

Der Erziehungsschnitt
Zeichnung 1
Nach dem drastischen Pflanzschnitt (→ Seite 15) bilden sich viele Neutriebe, die man nicht alle in der Krone lassen darf; sonst wird sie schnell zu dicht. Der Erziehungsschnitt dient also der weiteren Formung einer idealen Krone mit viel Licht und Luft und viel Fruchtholz. Bei kleinwüchsigen Bäumen ist er 2 bis 3, bei Hochstämmen bis zu 8 Jahre lang jeden Winter notwendig. Bei Spalieren unter Umständen sogar ein ganzes Baumleben lang. Zuerst werden alle Konkurrenztriebe herausgeschnitten – das sind die Triebe, die sich in Konkurrenz zu den drei Leitästen und zur Stammverlängerung bilden. Man schneidet sie auf Astring zurück. Auch wo Neutriebe an den Leitästen zu dicht stehen, wo sie nach innen wachsen und wo auf der Oberseite der Äste zu viele Triebe wachsen, werden diese herausgeschnitten – und zwar am Ansatz. Jeder Leitast sollte nochmals drei Äste bilden, die sich verzweigen. Das erreicht man, indem man die Stammverlängerung und vor allem die Verlängerungen der Leitäste einkürzt. Hier gilt die Faustregel: Bei schwachem Neutrieb

1 Rückschnitt im 2. Standjahr: Konkurrenztriebe entfernen, Leitastverlängerungen kürzen.

kräftiger Rückschnitt, bei starkem Neutrieb nur leichter Rückschnitt. Denn je drastischer zurückgeschnitten wird, desto kräftiger ist der Neuaustrieb. Triebe an den Ästen, die nicht zu Seitenästen gezogen werden, bindet man waagrecht, damit sich neue Fruchttriebe bilden. An der Stammverlängerung läßt man in größeren Abständen ebenfalls kräftige Triebe, die im Winkel von etwa 45° wachsen, stehen. Äste, die in spitzem Winkel vom Leitast abgehen, reißen unter dem Gewicht der Früchte ab. Richtig ist der Rückschnitt der Stamm- und Leitastverlängerung, wenn alle Knospen austreiben, von denen einige starke Holztriebe, viele aber schwache Fruchttriebe bilden.

Der Instandhaltungsschnitt
Zeichnung 2
Ist die Krone fertig aufgebaut, sieht sie so aus: Stamm mit Stammverlängerung und mehreren auf Lücke stehenden Fruchtästen. 3 kräftige Leitäste mit jeweils 3 Seitenästen, die mindestens 60 cm vom Stamm entfernt sind. Mehrere Fruchtäste auch an den Seitenästen. Über die ganze Krone verteilt kurzes Fruchtholz, das waagrecht stehen und immer neu nachtreiben soll (Fruchtholzrotation). Ist die Krone so aufgebaut, macht der Instandhaltungsschnitt nicht viel Arbeit. Alle 3 Jahre werden die alten Fruchtäste, die nach unten hängen, entfernt, damit neue nachwachsen können. Wo an den Ästen Jungtriebe zu dicht stehen oder sich Wasserschosse gebildet haben, werden diese so ausgelichtet, daß ausreichend Licht in die Krone kommt. Ist ein sachgemäßer Instandhaltungsschnitt aber nicht regelmäßig durchgeführt worden, so wird ein radikales Durchforsten notwendig, der Auslichtungsschnitt.

Beim Auslichtungsschnitt werden folgende Äste weggenommen:
- An der Stammverlängerung im steilen Winkel nach oben wachsende Äste,
- zu stark gewordene Äste an der Oberseite der Leitäste (damit sich neue junge Triebe bilden),
- trockene und kranke Äste,
- zu dicht übereinanderstehende Äste, die sich das Licht nehmen.

Sind die Auslichtungsarbeiten, etwa bei einem alten, lange nicht geschnittenen Baum sehr umfangreich, sollte man sie über 2 Jahre verteilen, damit der Baum nicht allzu stark neu austreibt. Es werden sich nach einem solchen Auslichtungsschnitt ohnehin sehr viele Reiter (Wasserschosse) bilden, die man noch grün im frühen Sommer abschneidet (→ Seite 25).

2 *Instandhaltungsschnitt: Auslichten, einkürzen und dabei immer auf gleichmäßige Kronenformen achten.*

3 *Verjüngungsschnitt: Kräftiger Rückschnitt des alten Holzes, damit sich neue junge Triebe bilden.*

Der Verjüngungsschnitt
Zeichnung 3
Wenn ein Baum »in die Jahre kommt«, also alt wird, läßt er im Ertrag stark nach. Es lohnt sich oft, ihn zu verjüngen. Das ist allerdings eine Arbeit, die man besser einem Fachmann überlassen sollte, denn jetzt werden sehr umfangreiche Schnittmaßnahmen notwendig. Die Krone wird nämlich um ein Drittel verkleinert. Das heißt: Die Stammverlängerung und die Leitäste werden bis ins alte Holz zurückgeschnitten, je nach Größe des Baumes bis zu 3 m. Achten Sie dabei darauf, daß die Form der Krone harmonisch bleibt. Sowohl von der Stammverlängerung als auch von den Leitästen werden alle Seitentriebe mindestens 50 cm nach innen auf Astring abgeschnitten. So entstehen neue Leitastenden, die bald kräftig austreiben werden.
Kein Seitenast darf diese Leitastenden überragen, das heißt, auch alle Seitenäste werden bis ins alte Holz zurückgeschnitten.

Die neue Krone soll licht werden. Gut am Stamm verteilt sollten 6 bis 8 Äste stehenbleiben, die gründlich bereinigt werden.
An der Oberseite läßt man gar keine Triebe stehen; alles was mickrig ist, wird an den Unterseiten abgenommen.
Fruchtholz bleibt stehen. Übrig bleiben möglichst waagrecht stehende Jungtriebe.

4 *Sommerschnitt: Er hält die Krone licht und luftig.*

Solche starken Eingriffe nimmt man an einem Baum nur in einem Jahr nach einer schlechten Ernte vor. In den nächsten Jahren wird er wieder gut tragen.

Der Sommerschnitt
Zeichnung 4
Man wendet den Sommerschnitt hauptsächlich bei Jungbäumen an – aber auch bei Spindelbüschen jeden Alters ist er sinnvoll. Dabei werden im Juli/August alle überflüssigen Triebe weggeschnitten: Konkurrenztriebe zu den Leitästen und zur Stammverlängerung sowie Wasserschosse, die zu dicht auf der Oberseite der Äste sitzen und in die Krone hineinwachsen. Auch jetzt im Sommer kann man kräftige Langtriebe waagrecht binden, damit sie nicht zu Leittrieben, sondern zu Fruchttrieben werden.

Pflanzenschutz aus der Apotheke der Natur

Wer sein eigenes Obst anbaut, legt natürlich Wert auf gesunde, wohlschmeckende Früchte, die auf keinen Fall durch Rückstände von Spritzmitteln belastet sein sollten. Vorbeugung und die Verwendung mechanischer und biologischer Pflanzenschutzmittel machen den Verzicht auf giftige Chemie möglich.

Biologischer Pflanzenschutz heißt in erster Linie, sich die Möglichkeiten der Natur zunutze zu machen. Ziel ist stets, das natürliche Gleichgewicht nicht zu zerstören und auch nicht zu gefährden. Aber selbst dort, wo das biologische Gleichgewicht bereits aus den Angeln geraten ist, bietet sich im Kleingarten die Chance, mit Geduld und Sachkenntnis das Gleichgewicht der Natur wiederherzustellen. Hier müssen ja nicht – wie im gewerblichen Obstbau – möglichst große Erträge mit optisch makellosem Obst erzielt werden.
Im privaten Bereich fällt das Umdenken leichter: Vorbeugung muß Vorrang haben vor Schädlings- und Krankheitsbekämpfung. Vor allem mit der Schädlingsbekämpfung wurde in den zurückliegenden Jahren mehr Schaden als Nutzen angerichtet. Denn es wurden nicht nur die Schädlinge vernichtet, sondern auch die Nützlinge, die Feinde der Schädlinge. Je weniger Nützlinge überlebten, desto stärker vermehrten sich die Schadinsekten. Die Folge: Es mußte immer mehr und immer häufiger gespritzt werden. Außerdem wurden viele Schädlinge resistent gegen Insektizide. Es entstand ein Teufelskreis, den zu durchbrechen nicht leicht ist und viel Geduld erfordert.

Vorbeugen durch gute Pflege
Gesunde, richtig ernährte und gepflegte Bäume sind weniger anfällig für Schädlinge und Krankheiten. Folgende Punkte müssen in diesem Zusammenhang besonders beachtet werden:

<u>Der richtige Standort</u>
Jede Obstsorte hat besondere Ansprüche an den Standort. Dabei spielen mehrere Komponenten eine Rolle:
- Das Klima,
- die Höhenlage,
- der Standort am Haus,
- die Bodenverhältnisse.

Nur da, wo all diese Voraussetzungen stimmen, bleibt ein Obstbaum robust und gesund. Am falschen Standort aber ist er geschwächt und damit anfällig für Krankheiten und Schädlinge.
Mein Tip: Verzichten Sie lieber auf eine bestimmte Obstart, wenn sie sich für Ihren Garten nicht eignet. Sie ersparen sich damit viel Ärger!

<u>Die richtige Sorte</u>
Die Auswahl der richtigen Sorte hängt direkt mit dem Standort zusammen. So gibt es zum Beispiel Obstsorten, die noch in Höhenlagen gedeihen, wo andere Sorten bereits keine Chance mehr haben. Manche Obstsorten sind auch besonders anfällig für bestimmte Krankheiten oder Schädlinge.
Mein Tip: Lokale Obstsorten, von denen es bei Apfel und Birne buchstäblich Tausende gibt, sind immer besonders robust und dem jeweiligen Klima angepaßt.

<u>Der richtige Schnitt</u>
Das Schneiden eines Obstbaumes ist ein Muß – aber auch hier muß mit Maß und Ziel vorgegangen werden. Ein Baum, der gut ausgelichtet ist, wird kaum von Pilzkrankheiten befallen, weil sich in seiner Krone keine feuchte Wärme hält. Schneidet man aber andererseits in einer Saison allzu kräftig zurück, kann dies den Baum schwächen und für Schädlinge anfällig machen.
Mein Tip: Starke Rückschnitte sollten Sie lieber in zwei aufeinanderfolgenden Jahren »in Raten« durchführen.

<u>Die richtigen Abstände</u>
Um möglichst viele Bäume unterzubringen, neigt man vor allem in einem kleinen Garten dazu, zu eng zu pflanzen. Bei dicht an dicht stehenden Bäumen besteht aber stets die Gefahr, daß sich Schädlinge und Krankheiten sehr schnell ausbreiten können.

Ohne chemischen Pflanzenschutz wuchsen diese saftigen, rotbackigen Birnen der Sorte 'Tongern' heran.

Vermeidung von Monokultur

Wenn Sie beispielsweise mehrere Apfelbäume pflanzen, so sollten Sie lieber drei oder mehr Sorten wählen als nur eine. Das verhindert das Ausbreiten sortenspezifischer Krankheiten und sorgt für bessere Befruchtung.

Die Pflege der Baumscheibe

Junge Bäume brauchen eine offene Baumscheibe. Gras oder Rasen würden dem Jungbaum zuviel Wasser und Nahrung entziehen. Kleine, schwachwüchsige Bäume brauchen sogar zeitlebens offenen Boden. Die Baumscheiben sollten immer gemulcht werden, damit der Boden lebendig und feucht bleibt. Das Mulchmaterial verrottet mit der Zeit und versorgt den Boden mit Nährstoffen.

Das Wurzelwerk eines erwachsenen Hochstammes hingegen ist so ausgedehnt, daß er ohne Baumscheibe in einer Wiese oder im Rasen stehen kann.

Düngen in Maßen

Auch Obstbäume müssen gedüngt werden (→ Seite 22). Aber sparen Sie mit Stickstoff. Er bewirkt zwar kräftiges Wachstum und große Früchte, ist in zu großen Mengen aber schädlich. Dadurch, daß die Zellen zu stark getrieben werden, sind sie nämlich zu weich und anfällig für Krankheiten und Schädlinge. Wichtig ist eine ausgeglichene Versorgung des Baumes mit Stickstoff, Phosphor und Kalium im richtigen Verhältnis.

Nützlinge gegen Schädlinge
Die Nutzinsekten sind des Gärtners schlagkräftigste Truppe im Kampf gegen alle Schädlinge in Obstbäumen. Wenn man sie schützt und fördert oder gar neu in den Bäumen ansiedelt, kann man auf Spritzmittel verzichten.
Marienkäfer sind großartige Blattlausvernichter. Ihre Larven sind schon im sehr zeitigen Frühjahr aktiv; jede verzehrt im Laufe ihres 20 Tage währenden Larvenzustandes rund 400 Blattläuse. Die erwachsenen Käfer sind nicht viel bescheidener.
Florfliegen sind sogar noch bessere Helfer. Jede Florfliegenlarve (man nennt sie auch »Blattlauslöwe« vernichtet 500 Blattläuse, dazu noch kleine Raupen und Blattsauger-Larven, bis sie sich nach 18 Tagen verpuppt. Die erwachsenen Tiere ernähren sich vorwiegend von Nektar; man lockt sie deshalb mit vielen blühenden Pflanzen in den Garten, beziehungsweise mit einer Blumenwiese statt eines Rasens.
Wanzen sind nicht sehr schön anzuschauen, aber ungemein nützlich. Sie sitzen mit Vorliebe an den Blattadern und am Stielansatz. Hier erwischen sie auch ihre Hauptnahrung: Spinnmilben.
Raubmilben sind ebenfalls auf Spinnmilben spezialisiert. Sie sind zwar winzig klein, aber sehr aktiv. Spritzt man einen Baum mit Mehrbereichs-Insektiziden, bringt man leider nur die Raubmilben um – die Spinnmilben jedoch nicht.
Schwebfliegen sehen wie zu klein geratene Wespen aus, stechen aber nicht. Sie sind wichtig für die Bestäubung der Obstbäume, und ihre Larven vernichten während ihrer Entwicklung bis zu 500 Blattläuse. Wenn man genügend Doldenblütler zwischen den Obstbäumen pflanzt, lockt man Schwebfliegen an.
Schlupfwespen legen ihre Eier in lebende Blattläuse und die Larven der Weißen Fliege. Die schlüpfenden

Schädlinge, die an allen Obstarten auftreten können

Blattläuse: Gekräuselte und eingerollte Blätter, Honigtaubildung, verkrüppelte Früchte, viele grüne oder schwarze Läuse. Vorbeugen: Nützlinge schonen. Im Frühjahr Leimring anlegen. Bekämpfen: Spritzen mit Pflanzenseifenlösung, Kräuterauszügen.

Spinnmilben: Blätter zeigen kleine weiße Flecken, werden braun und fallen ab. Vorbeugen: Richtiger Standort, ausgewogene Düngung, Nützlinge schonen. Bekämpfen: Während der Blüte nützlingsschonendes Mittel spritzen.

Gespinstmotten: Massenhaft Raupen in weißen Gespinsten in der Krone. Bei starkem Befall Blattfall. Vorbeugen: Kaum möglich. Bekämpfen: Zweige mit den Gespinsten abschneiden und verbrennen. Bei kleinen Bäumen absammeln.

Frostspanner: Kahlfraß durch grüne Raupen. Vorbeugen: Im Herbst Leimring anlegen. Bekämpfen: Biologisch nicht möglich – Baum treibt aber nach einem Kahlfraß im Juli nochmals aus.

Monilia-Fruchtfäule: Ringförmige Faulstellen an den Früchten mit Schimmelbildung. Vorbeugen: Kronen gut auslichten, Fruchtmumien aufsammeln, im Winter im Baum hängende Mumien abnehmen. Bekämpfen: Mit biologischen Spritzmitteln.

Blattfleckenkrankheiten: Kleine Flecken oder Löcher in den Blättern, bei jeder Obstart spezifisch. Vorbeugen: Kronen gut auslichten, stark befallene Zweige abschneiden und vernichten; gegen Birnengitterrost Wacholder in der Nachbarschaft vermeiden. Bekämpfen: Nicht nötig.

Larven fressen die Tiere von innen auf. Einige Schlupfwespenarten sind auf die gefürchteten Gespinstmotten spezialisiert.
Die räuberische Gallmücke räumt ebenfalls gründlich selbst mit großen Blattlauspopulationen auf.
Spinnen fangen in ihren Netzen viele Schadinsekten.
Ohrwürmer werden übrigens weit überschätzt. Es sind Allesfresser, die weit lieber Blütenknospen oder Früchte als Blattläuse fressen. Und sie kommen im Frühjahr erst aus dem Boden, wenn die Blattläuse längst überhandgenommen haben.

Nützlinge zum Kaufen
Eine ganze Anzahl von Nutzinsekten kann man kaufen – sie sind allerdings in erster Linie für Gewächshäuser und Wintergärten gedacht. Florfliegen und räuberische Gallmücken kann man auch im Freiland einsetzen, wenn es warm genug ist. Man heftet sie an die von Schädlingen befallenen Bäume, und nach zwei Tagen schlüpfen die Larven aus.
Bacillus Thuringiensis ist ein Nutzorganismus, den man gezielt gegen schädliche Raupen spritzt. Diese »Nützlinge« werden sogar im Erwerbsobstbau eingesetzt.

Vögel als Nützlinge
Vögel verzehren jährlich ein Vielfaches ihres Gewichtes an Insekten, sie sind also bei der Reduzierung von Schädlingen im Obstbau wichtige Helfer. Sie brüten aber nur dort, wo es Nahrung gibt; mit Sicherheit also nicht, wo man Insekten mit der chemischen Keule den Garaus gemacht hat.

So bleiben die Nützlinge
Der schlimmste Feind der Nützlinge ist der Mensch und sein Bestreben, Schädlinge schnell und gründlich zu vernichten. Selbst eine Anzahl von biologischen Spritzmitteln vernichtet auch die Nutzinsekten. Deshalb müssen einige Punkte beachtet werden, damit Nützlinge in den Obstbäumen bleiben und sich vermehren:

- Fast alle Nützlinge überwintern als erwachsene Tiere im Boden, unter der Rinde, in Knospenschuppen und anderen Verstecken. Schädlinge hingegen überwintern meist als Eier oder Larven. Die übliche Winter- und Austriebsspritzung (auch mit Öl) vernichtet mit Sicherheit die Nützlinge, die Schädlinge aber nur zum Teil, weil sie ja in der Eihülle geschützt sind. Läßt man diese Spritzung weg, sind die Nützlinge zur Stelle, wenn die Schädlinge ausschlüpfen, und zwar in ausreichender Menge.
- Fast alle Insektizide vernichten Schädlinge und Nützlinge. Schädlinge aber vermehren sich viel schneller als Nützlinge. Der Grund: Schädlinge leben von den Obstbäumen (und anderen Pflanzen), Nützlinge sind ausschließlich auf bestimmte Schädlinge spezialisiert. Wenn diese aber vernichtet oder auch nur stark reduziert werden, verhungern die Nutzinsekten.
- Wenn deshalb bei einem besonders starken Schädlingsbefall mit nützlingsschonenden Mitteln gespritzt werden muß, sollten Sie darauf achten, daß nicht alle Schädlinge, sondern nur etwa zwei Drittel vernichtet werden. Der Rest richtet nicht mehr viel Schaden an, die Nützlinge aber finden weiterhin Nahrung.

Mechanischer Pflanzenschutz
Es gibt noch andere Hilfsmittel, die einem Schädlingsbefall so vorbeugen können, daß eine Spritzung gar nicht erst notwendig wird.
Der Stammanstrich (→ Seite 24) im Winter mit einer Mischung aus Bentonit, Algenkalk und Kuhmist oder mit einem Fertigpräparat verhindert, daß sich Schädlinge in einer schorfigen Rinde einnisten können. Denn durch einen Anstrich bleibt die Rinde glatt und wird nicht von einem schnellen Wechsel zwischen warm und kalt im Winter aufgerissen. Es ist ratsam, den Stammanstrich auch in die blattlose Krone zu spritzen.
Leimringe legt man im Herbst um die Stämme (auch um die Anbindepfähle), damit die Weibchen des Frostspanners nicht auf den Baum kriechen und dort ihre Eier legen können. Ihre Raupen sind imstande, einen ganzen Baum kahlzufressen. Leimringe verhindern im Frühjahr, daß Ameisen Blattlauskolonien auf den Bäumen anlegen.
Wichtig: Bei Jungbäumen muß der Leimring alle 3 bis 4 Monate entfernt und ein neuer angebracht werden. Die Schnur, mit der der Leimring befestigt wird, schnürt sonst den noch wachsenden Stamm ein.
Obstmaden-Fanggürtel legt man im Mai um den Stamm. An ihnen sammeln sich Larven, die regelmäßig entfernt werden müssen.
Pheromon-Fallen sind mit einem weiblichen Sexual-Lockstoff beködert. Die Männchen fliegen an und bleiben kleben. Im Handel sind Fallen für Apfel-, Pflaumen- und Fruchtschalenwickler erhältlich. Diese Fallen bringen zwar nicht allzu viel, aber immerhin kann durch Zählen festgestellt werden, wann welcher Schädling wie stark den Baum anfliegt.
Fallobst muß im Herbst immer aufgelesen werden. Wenn man es nicht verwendet, kommt es auf den Kompost. Bleiben die Früchte aber unter den Bäumen liegen, sind sie ideale Überwinterungsplätze für Schädlinge, Bakterien und Pilzsporen.
Reinigen sollte man im Herbst Bäume mit schartigen Rinden. Sie werden mit einer harten Bürste abgeschrubbt – auch so beugt man Schädlingsbefall vor.

Krankheiten und Schädlinge bei Kernobst (Apfel, Birne, Quitte)

Schorf: Olivgrüne, braune Flecken auf Blättern und Früchten, Fruchtschale reißt auf, wird schorfig. Vorbeugen: Keine anfälligen Sorten, genügend Abstand zwischen Bäumen, Kronen gut auslichten. Bekämpfen: biologische Spritzmittel ab Ende April.

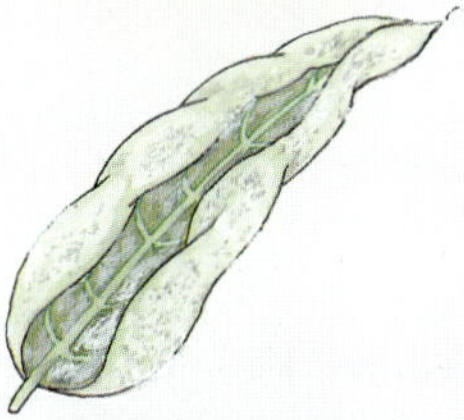

Mehltau: Weißer, mehliger Belag auf jungen Blättern und Blütenknospen. Vorbeugen: Krone licht halten. Bekämpfen: Befallene Triebe abschneiden und vernichten, beim Winterschnitt alle befallenen Triebe herausnehmen.

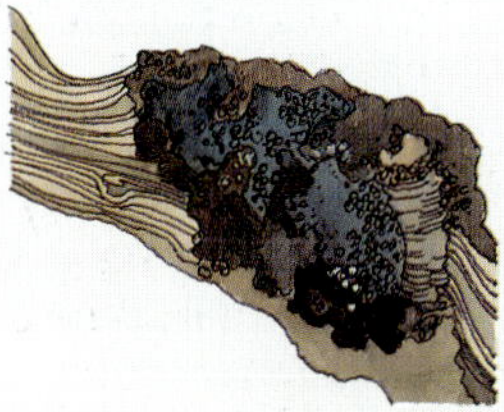

Obstbaumkrebs: Knollige Wucherungen an Stamm und Ästen. Vorbeugen: Naßkalte Standorte und Stickstoffüberdüngung vermeiden, Wunden sofort behandeln. Bekämpfen: Krebsstelle herausschneiden, Wunde verschließen, Arbeitsgerät desinfizieren.

Apfelwickler (Obstmade): »Wurmige« Früchte, im Innern kleine rötliche Maden und Fraßgänge. Vorbeugen: Madenfanggürtel im Juni anlegen, Nützlinge schonen. Bekämpfen: Nicht nötig.

Stippigkeit: Kleine, braune Dellen auf der Frucht, darunter braune Flecken im Fruchtfleisch, keine Lagerfähigkeit. Vorbeugen: Anfällige Sorten meiden, nicht einseitig mit Stickstoff düngen, keine Staunässe. Bekämpfen: Nicht möglich.

Feuerbrand: Triebe und Blüten welken schnell, werden schwarz; sehr ansteckend, gefährlich – muß dem Pflanzenschutzamt gemeldet werden. Vorbeugen: Nicht möglich, Infektionskrankheit. Bekämpfen: Befallene Triebe abschneiden und vernichten, notfalls den Baum fällen.

Was tun bei Krankheiten oder Schädlingsbefall?

Selbst bei bester Pflege kann es hin und wieder vorkommen, daß Krankheiten oder Schädlinge in einem Maße auftreten, daß man dagegen einschreiten muß – will man nicht den ganzen Baum verlieren. Auch hier gibt es bewährte Methoden, ohne Gift auszukommen.

Mehltau und Monilia

Beim Auftreten dieser Krankheiten werden im Frühjahr sofort alle befallenen Triebe abgeschnitten und vernichtet (nicht auf den Kompost geben!). Beim Winterschnitt darauf achten, daß auch die letzten befallenen Triebe, ebenso die Fruchtmumien entfernt werden.

Beißende und saugende Insekten

Bei Blattlausbefall, der von Nützlingen nicht mehr bewältigt werden kann, aber auch wenn Apfelwickler oder andere Schadinsekten überhand nehmen, muß eingegriffen werden. In diesem Fall kann man den Schädlingen mit einer Spritzbrühe aus Wildkräutern erfolgreich zu Leibe rücken:

Brennesselbrühe: Brennesseln in einem Eimer Wasser 24 Stunden stehen lassen, unverdünnt in den Baum spritzen.

Farnkraut-Jauche: 1 kg Farn in 10 l Wasser ansetzen, 3 Tage stehen lassen. Unverdünnt gegen Schmier- und Blutläuse und gegen Rost spritzen.

Rainfarnbrühe: 300 g Rainfarn auf 10 l Wasser ansetzen. Nach 1 Woche mit der doppelten Menge Wasser verdünnt gegen Milben, Rost und Mehltau spritzen.

Schmierseifen-Lösung: 1 Tasse Schmierseife auf 10 l Wasser verdünnen, gegen Läuse und Raupen spritzen. Noch besser als Schmierseife ist spezielle Pflanzenseife.

Quassia-Brühe: 150 g Quassiaholz (Apotheke) auf 2 l Wasser ansetzen.

Krankheiten und Schädlinge beim Steinobst (Kirsche, Zwetschge, Mirabelle, Pfirsich, Aprikose)

Blüten- und Zweigmonilia: Vor allem bei Kirschen. Jungtriebe welken kurz nach der Blüte und sterben ab. Vorbeugen: Kaum möglich, Infektionskrankheit. Bekämpfen: Befallene Triebe sofort bis 20 cm ins gesunde Holz abschneiden und verbrennen.

Valsa-Krankheit: Starker Harzfluß an allen holzigen Teilen, Baum stirbt schnell ab. Vorbeugen: Nicht möglich, Infektionskrankheit. Bekämpfen: Befallene Triebe sofort bis ins gesunde Holz abschneiden und verbrennen.

Narren-Taschen-Krankheit: Bei Zwetschgen und Pflaumen übergroße Früchte, flach und braun unter einem mehligen Überzug. Vorbeugen: Krone licht halten. Bekämpfen: Befallene Früchte laufend entfernen und vernichten.

Kräuselkrankheit: Im Frühjahr bei Pfirsich und Aprikose blasige Blätter, die sich weißlichgrün oder rötlich färben und vertrocknen. Vorbeugen: Robuste Sorten pflanzen, gelbfleischige sind anfälliger. Bekämpfen: Befallene Blätter und Zweige vernichten.

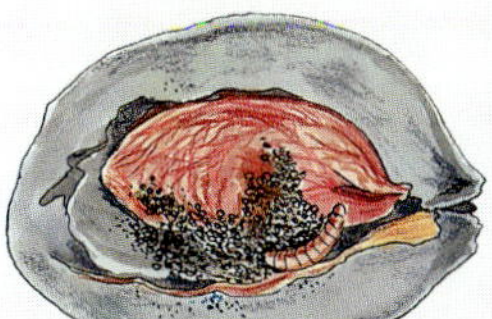

Kirsch- und Pflaumenmaden: »Wurmige« Kirschen (Kirschfruchtfliege), Zwetschgen und Pflaumen (Pflaumenwickler). Vorbeugen: Frühe Sorten weniger anfällig. Bekämpfen: Bei starkem Anflug (Gelbtafeln!) mit biologischen Mitteln spritzen. Achtung: Nicht bei Bienenflug!

Scharka-Krankheit: Unterschiedlich: aufgerissener Stamm, gummiartige, ungenießbare Früchte, helle Blattflecken (befällt Kirschen nicht). Meldepflichtige Viruskrankheit. Vorbeugen: Scharka-tolerante Sorten pflanzen. Bekämpfen: Bäume roden und verbrennen.

Mit 10 l Wasser verdünnen. Das ganze Jahr gegen alle tierischen Schädlinge zu spritzen.
Achtung: Vernichtet auch Nützlinge!
Pyrethrum: Dieses Insektizid wird aus den Blüten einer afrikanischen Chrysanthemen-Art gewonnen. Es wirkt schnell gegen alle tierischen Schädlinge. Die Wirkung hält nur wenige Stunden an, die Früchte können schon am nächsten Tag gegessen werden.
Achtung: Pyrethrumhaltige Mittel vernichten auch Nützlinge! Außerdem sind beim Hantieren mit diesem Mittel unbedingt Handschuhe zu tragen. Pyrethrum darf nicht in offene Wunden gelangen. Es ist ein Nervengift, das über das Blut in den Kreislauf gelangen kann.

Biologische Spritzmittel zum Kaufen
Immer mehr biologische Spritzmittel gegen Schädlinge und Krankheiten kommen auf den Markt. Nach dem neuen Pflanzenschutzgesetz werden sie vor ihrer Zulassung sorgfältig geprüft. Man kann sie unbedenklich verwenden, muß sich aber, genau wie bei chemischen Mitteln, exakt an die Gebrauchsanweisungen halten. Achten Sie bei der Verwendung dieser Mittel auch darauf, ob sie nützlingsschonend, bienen- und fischverträglich sind.
Achtung: Auch die meisten biologischen Pflanzenschutzmittel sind nicht ganz ungefährlich. Kinder und Haustiere sollten auf keinen Fall damit in Berührung kommen.

Edle Obstsorten durch Veredeln

Junge Obstbäume werden vor allem in der Baumschule veredelt. Nur so ist garantiert, daß man die richtige Sorte in der richtigen Baumform bekommt. Das Veredeln ist in der Regel keine Angelegenheit für Laien. Das Umveredeln eines erwachsenen Baumes mit neuen Sorten aber bietet auch dem interessierten Hobbygärtner ungeahnte Möglichkeiten.

Wissenswertes übers Veredeln
Ein Obstbaum wird veredelt, indem man auf eine bestimmte Unterlage ein Edelreis der gewünschten Sorte aufpfropft. Hierbei wird aber nicht nur die Obstsorte festgelegt, sondern es lassen sich auch eine ganze Reihe von Eigenschaften des künftigen Obstbaumes entscheidend beeinflussen: Seine Größe, die Stammhöhe, der Kronenumfang, seine Winterhärte und Bodenverträglichkeit.
Die Unterlage besteht aus der Wurzel und einem etwa 15 cm langen Stückchen Stamm. Unterlagen werden in Baumschulen aus Samen spezieller Obstsorten oder durch vegetative Vermehrung (Abrisse, Absenker, Ableger) gezogen. Die zunächst als einfache Triebe wachsenden Unterlagen werden im August etwa 15 cm über dem Boden geschnitten.
Je nach Unterlage wird ein Baum hoch oder niedrig, verträgt mehr oder weniger Frost, wird mehr oder weniger alt.
Das Edelreis wird von einem gesunden Baum geschnitten, der gut trägt. Man verwendet nur einjährige Triebe mit kurzen Knospenabständen. Geschnitten wird bei Steinobst im November, bei Kernobst im Januar an der Sonnenseite des Baumes, weil dort die Reiser gut ausgereift sind. Zum Veredeln verwendet man ein 20 bis 25 cm langes Triebstück mit 3 bis 5 Augen. Das Reis bestimmt die Obstsorte, die der Baum tragen wird.
Das Veredeln eines Jungbaumes
Durch Kopulieren (→ Seite 40) setzt man in den »Wildling«, die Unterlage, ein Edelreis der gewünschten Sorte ein. Wo die beiden Teile des Obstbaumes miteinander verwachsen, entsteht eine Verdickung, die Veredelungsstelle. Das Edelreis wächst im nächsten Jahr kräftig weiter, wird im Jahr darauf geschnitten und bildet dann erst Seitentriebe. Jungbäume ohne Seitentriebe sind also einjährige, die mit mehreren Seitentrieben zweijährige Veredelungen.

Veredeln eines »erwachsenen Baumes«
Diese Maßnahme, auch »Umveredeln« genannt, kann ein Hobbygärtner selbst durchführen (Seiten 40/41). Sie bietet sich an, wenn der Ertrag eines Baumes nicht befriedigend ist, wenn die Sorte für das Klima nicht geeignet ist oder wenn man von einem Baum mehrere Obstsorten ernten möchte.

Mehrere Sorten auf einem Baum
Beim Umveredeln ist es durchaus möglich, Edelreiser verschiedener Sorten auf einen Baum aufzupfropfen. Am interessantesten ist eine Auswahl von Sorten, die zu verschiedenen Zeitpunkten reifen.
Vorteile: Man braucht, da sich die Blütezeiten überlappen, keinen anderen Baum als Befruchter. Die Ernte bringt über einen längeren Zeitraum kleinere Mengen mehrerer Sorten.
Geeignete Obstarten: Vor allem bei Äpfeln, Birnen, Süßkirschen und Zwetschgen lohnt es sich, jeweils eine frühe, mittlere und späte Sorte auf einem Baum zu vereinen.
Wichtig: Die Wuchsform muß zusammenpassen. Schwachwüchsige Sorten neben starkwüchsigen veredelt, verkümmern. Sparrige und hängende Sorten nebeneinander ergeben eine unschöne Krone.
Beispiele: Beim Apfel passen zusammen: Klarapfel, James Grieve, Golden Delicious. Bei Birnen: Frühe von Trévoux, Gute Luise, Tongern. Bei Süßkirschen: Frühe Meckenheimer, Spitze Braune, Schauenburger.
Mein Tip: Zwetschgen, Pflaumen und Mirabellen kann man auf einen Baum veredeln.

Zwei Apfelsorten auf einem Stamm, nicht nur eine Spielerei. ▷

Flachsländer / DAH, Ausf. Inderst

PRAXIS VEREDELN

Ob Sie einen Jungbaum veredeln oder einen alten Baum umveredeln – Sie sollten die Technik vorher gründlich an einem abgeschnittenen Ast üben – denn es gehört schon einige Fertigkeit dazu, die Schnitte richtig anzulegen.

Veredeln eines jungen Baumes

Die Veredelungsstelle

Zeichnung 1

Jeder Obstbaum, der in der Baumschule veredelt wurde, hat knapp über der Wurzel eine Veredelungsstelle. Diese muß immer über der Erde liegen, sonst bilden sich hier Wurzelaustriebe, die mühsam entfernt werden müssen. Wo Stammbildner verwendet werden, etwa wenn eine Quitte durch Zwischenveredelung mit Rotdorn einen Hochstamm bekommt, findet man unterhalb der Krone nochmals eine Veredelungsstelle, die im Alter recht dick werden kann.

Kopulieren mit Gegenzunge

Zeichnung 2

Der beste Zeitpunkt für das Kopulieren eines Jungbaumes ist der Mai. Und so wird in der Baumschule das Edelreis auf die Unterlage gesetzt: Unterlage und Edelreis müssen gleich stark sein, also den gleichen Triebdurchmesser haben.

- Der Trieb der Unterlage wird mit einem scharfen Messer auf etwa 5 cm schräg abgeschnitten. In der Mitte dieser schrägen Schnittfläche wird eine sogenannte »Zunge« eingeschnitten.
- Auch das Reis wird auf derselben Länge schräg abgeschnitten, auch hier wird die Zunge eingeschnitten.
- Beim Kopulieren legt man nun die Schnittstellen so aufeinander, daß das unterste Auge des Reises der Schnittfläche gegenüberliegt. Die Zungen greifen ineinander.

Wichtig: Die Kambiumschichten, also die Schicht zwischen Rinde und Holz der beiden Schnittflächen, müssen aufeinanderliegen. Das ist für das Zusammenwachsen wichtig. Durch die Zunge halten die beiden Schnittflächen gut zusammen und können kaum verrutschen. Mit einem weichen Gummiband oder mit Bast werden Unterlage und Edelreis zusammengebunden. Danach wird die Veredelungsstelle mit Baumwachs bestrichen. Nach 6 bis 8 Wochen nimmt man den Bast ab, damit es nicht zu Einschnürungen kommt.

1 Einjähriger Baum nach der Veredelung.

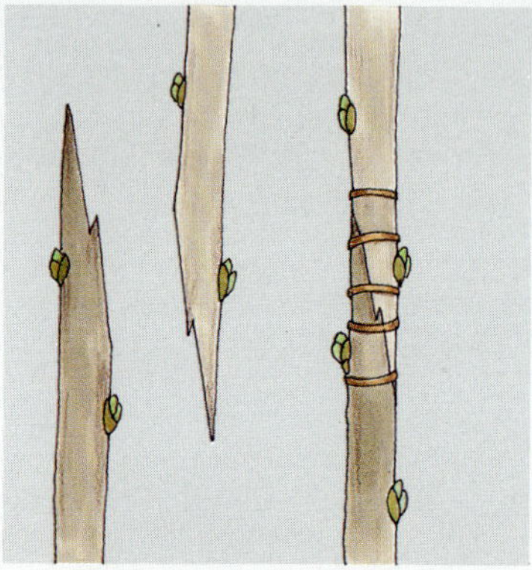

2 Kopulieren. Das Edelreis wird auf die Unterlage gesetzt.

Umveredeln eines erwachsenen Baumes

Werden einem erwachsenen Baum junge Reiser aufgepfropft, so nennt man diesen Vorgang Umveredeln. Dabei sind die Pfropfköpfe immer deutlich stärker als die aufgepfropften Reiser.

Von den verschiedenen Veredelungsmethoden hier die zwei gebräuchlichsten:

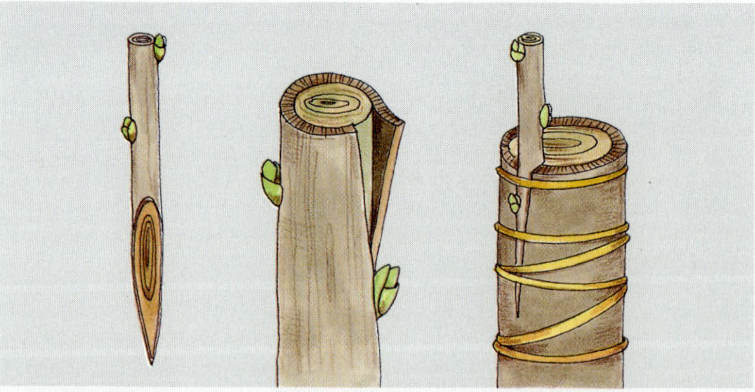

3 Veredeln hinter der Rinde. Das Edelreis wird hinter die abgehobene Rinde geschoben.

Veredeln hinter der Rinde
Zeichnung 3
Möchte man einen erwachsenen Baum mit neuen Sorten veredeln, wird meist das »Veredeln hinter der Rinde« praktiziert. Hier wird auf die beste und einfachste Art viel vom Kambium der Unterlage mit dem Kambium des Edelreises verbunden – dieses Gewebe ist ja verantwortlich für das Zusammenwachsen beider Teile. Der richtige Zeitpunkt für diese Methode der Veredelung ist, wenn sich im Frühjahr die Rinde des Baumes besonders gut lösen läßt. Je nach regionalen klimatischen Bedingungen kann das irgendwann zwischen Anfang April und Ende Mai sein.

- Der obere Teil des Pfropfkopfes wird mit einem scharfen Messer glattgeschnitten, vor allem die Rinde.
- Senkrecht vom oberen Rand des Pfropfkopfes dann einen Schnitt von 5 cm Länge durch die Rinde bis aufs Kambium (aber nicht ins Holz!) führen.
- Die Rinde auf einer Seite des Schnittes sorgsam aufklappen. Das auf dieselbe Länge schräg angeschnittene Edelreis darunterschieben, das Rindenstück wieder zuklappen.
- Rinde und Reis mit Bast zusammenbinden. Der Bast wird dabei immer in die Richtung gewickelt, wie das Rindenstück über das Reis gelegt wurde. Zum Schluß wird die ganze Pfropfstelle mit Baumwachs verstrichen.

Die Geißfußveredelung
Zeichnung 4
Auch diese Art der Veredelung eignet sich zum Umveredeln älterer Bäume. Die Geißfußveredelung sollte an einem milden Tag im Februar oder März vorgenommen werden.
In den Pfropfkopf schneidet man einen unten spitz zulaufenden Keil. Das Ende des Edelreises wird genauso keilförmig zugeschnitten. Das Reis wird in den Keil im Pfropfkopf eingeschoben und festgebunden. Der Vorteil hier: Holz sitzt auf Holz, das Reis sitzt also sehr fest auf dem Pfropfkopf. Einziger Nachteil: Diese Methode muß man vorher üben, denn das keilförmig zugeschnittene Ende des Reises muß haargenau in den entsprechenden Ausschnitt am Pfropfkopf passen – sonst wächst das Reis nicht an.

Die Behandlung nach der Veredelung
Zeichnung 5
Auch beim Umveredeln muß etwa 6 Wochen danach der Bast abgenommen werden, damit das Dickenwachstum nicht behindert wird. An der Pfropfstelle bilden sich meist viele Neutriebe. Diese müssen so bald wie möglich abgeschnitten werden, damit die Kraft des Triebes dem neuen Edelreis zur Verfügung steht. Dieses muß stets die höchste Stelle am Ast bilden, damit es viel Licht bekommt.

Das Abwerfen
Bevor man einen erwachsenen Baum veredeln kann, muß die Krone entsprechend vorbereitet werden. Die Triebe, die veredelt werden sollen, müssen stark eingekürzt werden. Beim Kernobst erfolgt dieser »Abwurf« am besten im späten Winter, beim Steinobst kurz vor der Blüte. Die Schnittstellen, an die später die Edelreiser angesetzt werden, nennt man »Pfropfköpfe«. Sie sollten einen Durchmesser von weniger als 8 cm haben. Direkt vor dem Veredeln werden die Pfropfköpfe nochmals 10 cm eingekürzt, damit am frischen Holz veredelt werden kann.

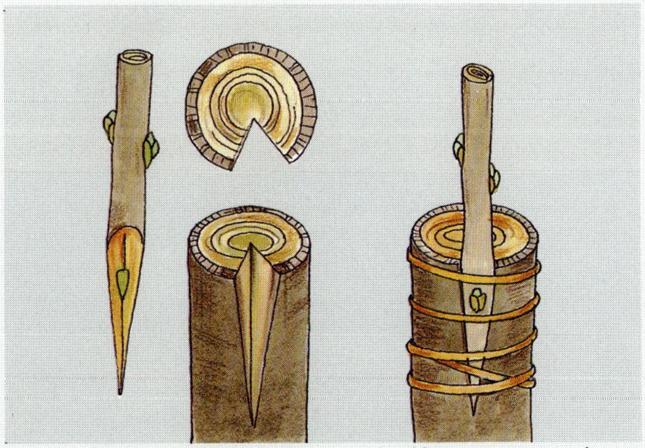

4 Geißfußveredelung. In einen keilförmigen Einschnitt am Propfkopf wird das zugeschnittene Reis gesetzt.

5 Nach der Veredelung werden alle Neutriebe um die Pfropfstelle (bis auf das Edelreis) abgeschnitten.

Herrliche Blüten, gesunde Früchte

Im Frühjahr bestechen sie durch Blütenpracht, später erfreuen uns ihre köstlichen Früchte. Wer weiß, wie die einzelnen Obstarten richtig gepflegt werden, wird viel Freude am »Obstgärtnern« haben. Deshalb nun einige detaillierte Tips – Obst für Obst! Die nachfolgenden Pflegeanleitungen helfen Ihnen, den richtigen Baum für Ihren Garten zu finden.

Erläuterung der Stichwörter
Auf den folgenden Seiten finden Sie detaillierte Pflegeanleitungen mit Informationen über:
Name: Zuerst wird der deutsche Name genannt, dann der botanische.
Blüte: Hier finden Sie Angaben über Blütezeit und Aussehen der Blüte.
Frucht: Hinweise über den Zeitpunkt der Ernte und übers Aussehen der Frucht.
Inhaltsstoffe: Hinweise für ernährungsbewußte Obstesser.
Baumform: Wichtige Tips zu den unterschiedlichen Baumformen und den häufigsten Veredelungsunterlagen.
Geeignet für: Angaben zur Gestaltung Ihres Gartens oder Balkons.
Standort: Worauf Sie beim Auswählen des Platzes für die Obstart achten sollten, erfahren Sie hier.
Boden: Beschrieben wird, in welchem Boden die Obstart am besten gedeiht und wie man den Boden verbessern kann.
Befruchtung: Angabe, ob der Obstbaum einen Befruchter (→ Seite 39) braucht.
Pflanzung: Anleitung für das richtige Pflanzen.
Instandhaltungsschnitt: Ratschläge zum richtigen Schneiden des Baums.
Düngung: Angaben zum richtigen Mittel und der geeigneten Menge.
Pflege: Tips für die Baumpflege rund ums Jahr.
Anfällig für: Genannt sind Krankheiten, unter denen der Baum am häufigsten leidet (Vorbeugung und Behandlung → Seiten 32 bis 37).
Sorten: Empfehlenswerte und gängige Sorten.
Ernte: Wann und wie geerntet werden sollte.
Verwendung: Praktische Tips für die Verarbeitung des Obstes.
Lagerung: Die richtige Lagerung der Obstart.
Mein Tip: Ratschläge und Tips aus persönlicher Erfahrung der Autorin.

Üppig blühende Apfelbäume auf einer Löwenzahnwiese. ▷

Knospe, Mausohrstadium, Ballonstadium . . .

und dann die wunderschöne Apfelblüte.

Apfel
Malus sylvestris

Blüte: April, Mai. Die Blütenknospen sind kräftig rosa, die in Büscheln stehenden, geöffneten Blüten zartrosa und weiß. Viele späte Sorten haben kräftig rosa Blüten. Sie erscheinen vor den Blättern.
Frucht: Ernte je nach Sorte von Juli (Klarapfel) bis in den Oktober (Winterapfel). Äpfel gibt es in vielen Formen und Farben: Zartgrüne, gelbe, grüne mit roten Backen oder Streifen, bräunliche, dunkelrote. Sie können rund oder länglich sein, groß oder klein, je nach Sorte und Zustand des Baumes. Man unterscheidet zwischen Tafeläpfeln, die man direkt vom Baum oder erst nach längerer Lagerung im kühlen Keller essen kann, und Mostäpfeln, die man nur zu Saft oder Most verarbeitet.
Inhaltsstoffe: Fruchtzucker, die Vitamine A und C, sowie einige Vitamine aus der B-Gruppe, dazu Fermente, Pektine (wichtig zum Gelieren), Kalzium, Kalium, Eisen und Phosphor.
Baumform: Hochstämme tragen erst im Alter von 10, Halbstämme mit 7 Jahren. Kauft man vier- bis fünfjährige Hoch- oder Halbstämme, ist das zwar teurer, man muß aber nicht so lange auf die Ernte warten. Spindelbüsche, die auf der üblichen Unterlage M9 oder auf M26 veredelt sind, werden bis 2,5 m, auf der schwachwüchsigsten Unterlage M27 weniger als 1,5 m hoch. Sie werden zweijährig gepflanzt, also ein Jahr nach der Veredelung. Sie tragen schon im 2. Jahr nach der Pflanzung, also im Alter von 4 Jahren zum ersten Mal.
Geeignet für: Hoch- und Halbstämme als Solitär, Spindelbüsche in kleinen Gärten als Hecken oder Gartenspalier, im Kübel. Als Hausspaliere ungeeignet, da empfindlich gegen Wärme.
Standort: Apfelbäume stehen gerne feucht, kühl und luftig. West- und Ostseite des Gartens, in sehr warmen Gegenden sogar auf der Nordseite eines Hauses. An einem zu trockenen und zu warmen Standort bleiben die Bäume klein und sind anfällig für Schädlinge und Krankheiten.
Boden: Apfelbäume haben flache Wurzeln, brauchen aber dennoch einen tiefgründigen, humosen Boden, bevorzugt Lehmboden. Sandige Böden müssen mit Steinmehl verbessert werden, denn Bodentrockenheit läßt Apfelbäume kümmern. Zähen, schweren Boden mit Sand lockern. Ein pH-Wert von 6,5 bis 5,5 ist am günstigsten.

Verlockende Früchte in Mengen wachsen an einem gut gepflegten Apfelbaum.

Befruchtung: Selbstunfruchtbar. In der Nachbarschaft muß mindestens noch ein Apfelbaum – besser noch mehrere – stehen, gleichgültig, welche Sorte. Ausnahme: Boskoop braucht als Befruchter andere Sorten, weil er selbst ein schlechter Pollenspender ist. Damit aber diese andere Sorte befruchtet wird, braucht man noch einen dritten Apfelbaum.
Pflanzung: Pflanzgrube flach ausheben, nicht tiefer als die Wurzeln des jungen Baumes reichen. Darunter einen Spaten tief lockern. Den Baum so hoch setzen, daß die obersten Wurzeln dicht unter der Erde liegen. Die Veredelungsstelle am Wurzelhals muß 10 bis 15 cm über dem Boden liegen.
Instandhaltungsschnitt: Nach unten wachsende, mehr als drei Jahre alte Triebe abschneiden. Senkrechte und nach außen wachsende Neutriebe stehen lassen, nur nach innen wachsende Neutriebe auf den Ast zurückschneiden. Wasserschosse herausnehmen. Die Krone muß gleichmäßig und locker sein, damit die Früchte viel Sonne bekommen.
Düngung: Jungbäumen und Spindelbüschen im März 5 cm dick Kompost oder verrotteten Stallmist auf die Baumscheibe geben. Falls nicht vorhanden, 100 g/m² organisch-mineralischen Dünger. Vorsicht: Nicht zuviel Stickstoff geben, nicht ohne Bodenprobe kalken. Bei Überkalkung kommt es zu einem Mangel an Spurenelementen. Bei starkem Fruchtbehang ab Juni wöchentlich mit Pflanzenjauche gießen. Ältere Hochstämme nur bei sichtbaren Mangelerscheinungen düngen.
Pflege: Bei Jungbäumen unbedingt die Baumscheibe freihalten, ältere Hochstämme können auch im Rasen stehen. Setzt der Baum zu viele Früchte an, sollte man im Juni die Hälfte – vor allem kleine – ausbrechen. Die Früchte werden dann größer, die Gefahr der Stippigkeit wird geringer. Bei sehr starkem Fruchtbehang müssen die Äste abgestützt werden.
Anfällig für: Schorf, Mehltau, Obstbaumkrebs, Stippigkeit, Apfelwickler, Apfelblattlaus, Gespinstmotten, Frostspanner, Blutlaus, Apfelblattsauger.
Sorten: Frühe: Weißer Klarapfel, Mantet, Stark Earliest, Arkane, Discovery. Sommeräpfel: Alkmene, Antonovka, Eva, Gravensteiner, James Grieve, Gloster, Goldparmäne, Cox-Orange, Jonagold, Berlepsch, Idared, Golden Delicious, Jonathan. Späte: Boskoop, Melrose, Ontario, Weißer Winterglockenapfel, Bonza, Elstar, Gala, Delbard, Jubilé,

Läßt sich sehr gut lagern: 'Berlepsch'.

Saftig und knackig: 'Schweizer Orangenapfel'.

Granny Smith. Alte Hochstammsorten: Ananasrenette, Blenheimer, Brettacher, Champagner-Renette, Danziger Kantapfel, Gewürzluike, Jakob Fischer, Jakob Lebel.
Ernte: Sommer-Äpfel und sehr frühe Sorten erst ernten, wenn sie vollreif sind, das heißt, die Kerne sollten braun sein. Späte Sorten, also Lageräpfel, zwei Wochen vor der »Baumreife« ernten, sie halten dann besser. Nicht alle Früchte auf einmal pflücken, sondern nach und nach immer die reifen. Die Äpfel beim Pflücken mit der ganzen Hand anfassen – wer nur mit den Fingern pflückt, riskiert bei Lageräpfeln Druckstellen, die später faulen. Viele Apfelsorten wechseln zwischen einem Jahr mit sehr gutem und einem Jahr mit minderem Ertrag.
Verwendung: Späte Sorten zum Einlagern oder auch zum Dörren. Frühe Sorten und Sommeräpfel zum sofortigen Genuß, für Kompotte und Kuchen, für Saft und Most. Nur gekochte Äpfel einfrieren. Rohe Äpfel werden dabei glasig und fade.
Lagerung: Im kühlen Keller bei einer Luftfeuchtigkeit von mindestens 80%. Auch in Polyäthylenbeuteln bleiben Lageräpfel lange frisch. Nicht mit Kartoffeln zusammen lagern, das beim Nachreifen austretende, gasförmige Äthylen bringt die Kartoffeln frühzeitig zum Keimen und Schrumpfen.
Mein Tip: Erkundigen Sie sich nach einheimischen alten Sorten, die in guten Baumschulen auch auf schwachwüchsigen Unterlagen gezogen werden. Sie sind in dem Klima, in dem und für das sie vor Jahrzehnten gezüchtet wurden, besonders robust und daher kaum durch Krankheiten und Schädlinge gefährdet. Die Früchte dieser lokalen Sorten sind außerdem sehr oft von besonders gutem Geschmack.

Apfel-Halbstamm in einem großen Hausgarten. Die Ernte ist bequemer als vom Hochstamm, aber nicht viel geringer. ▷

Knackig erfrischend: 'Präsident Drouard'.

Birne
Pyrus communis

Blüte: Mitte März/Anfang April, in rauhen Lagen frostgefährdet. Reinweiße Blüten mit roten, später gelben Staubbeuteln stehen in Büscheln zusammen, erscheinen vor den Blättern.
Frucht: Frühe Sorten ab August reif, die spätesten im Oktober. Sie sind schlank oder rundlich, groß oder klein, grün, gelb, braun, rotbackig oder gelbgefleckt.
Inhaltsstoffe: Vitamine C und A, ebenso einige B-Vitamine, viel Fruchtzucker; je nach Sorte mehr oder weniger Pektin, Kalium, Kalzium, Eisen und Phosphor.
Baumform: Auf Sämling gezogene Bäume werden große Hochstämme, mit prächtigen, kegelförmig zulaufenden Kronen. Voller Ertrag im 8. bis 12. Lebensjahr. Auf Quitte werden Spindelbüsche veredelt, die bis zu 2,5 m hoch werden. Ertrag ab dem 4. Lebensjahr. Buschbäume werden 3 m hoch, Kronendurchmesser bis 4 m.
Geeignet für: Hoch- und Halbstamm als Hausbaum. Spindelbäume als Hecke oder einreihiges Spalier. Wärmeliebende Sorten als Spalier am Haus.
Standort: Brauchen viel Wärme und Sonne. Spät reifende Sorten gedeihen nur in mildem Klima. Bäume auf Quittenunterlage sind nicht sehr frosthart. In rauhen Gegenden meist nur Mostbirnen.

Geeignet fürs Hausspalier: 'Rote Williams Christ'.

Sehr süß und saftig: 'Jules Guyot'.

Boden: Hoch- und Halbstämme mit tiefreichenden Pfahlwurzeln bevorzugen lehmigen, nährstoffreichen Boden ohne Staunässe, in dem ihre Wurzeln bis ins Grundwasser reichen. Bäume auf Quittenunterlage mit flachen Wurzeln brauchen humosen Boden, der nicht tiefgründig sein muß.
Befruchtung: Selbstunfruchtbar. Brauchen Pollen einer beliebigen anderen Sorte. Nur Alexander Lucas ist ein schlechter Pollenspender, hier zwei andere dazupflanzen.
Pflanzung: In leichten Böden im Oktober/November, in schweren im März. Pflanzloch mindestens 2 Spaten tief ausheben und 1 Spaten tief lockern. Veredelungsstelle bei Sämlingsunterlage über dem Boden, bei Quittenunterlage mit Erdoberfläche abschließend.
Instandhaltungsschnitt: Nach innen wachsende, mehrjährige Äste abschneiden, ebenso einjährige Triebe, wenn Krone zu dicht wird. Regelmäßiger Rückschnitt nur am Spalier.
Düngung: Nur Jungbäume im März mit 100 g/m² organisch-mineralischem Dünger, verrottetem Mist oder Kompost.
Pflege: Spindeln bei Trockenheit mulchen.
Anfällig für: Schorf, Birnengitterrost Feuerbrand, Birnengallmücke.

Sorten: Frühe: Frühe von Trévoux, Clapps Liebling, Späte: Williams Christ, Gute Luise, Tongern, Gellerts Butterbirne, Köstliche von Charmeux, Vereinsdechantsbirne, Boc's Flaschenbirne, Alexander Lucas, Gräfin von Paris, Madame Verté, Bristol Cross, Conference. Fürs Hausspalier: Frühe von Trévoux, Gute Luise, Williams Christ, Dechantbirne, Alexander Lucas, Gräfin von Paris, Madame Verté. Bei Most- und Kochbirnen (nur als Hochstamm) lohnt es sich, lokale Sorten zu suchen.
Ernte: Am besten einige Tage vor der Reife ernten. Die meisten Sorten werden sonst teigig. Mostbirnen als Fallobst verwendbar.
Verwendung: Edelbirnen kann man direkt essen, Mostbirnen sind roh ungenießbar, aber ergeben sehr guten Most oder Schnaps. Einige alte Sorten sind besonders zum Dörren geeignet (Früchtebrot). Süße Sorten kann man in der Flasche wachsen lassen: Im Mai über kleine Früchte eine Flasche mit der Öffnung nach unten binden. Ist die Birne reif, mit Birnenschnaps auffüllen.
Lagerung: Müssen bei Reife innerhalb weniger Tage verzehrt werden.
Mein Tip: Pflanzen Sie keinen Zierwacholder. Hier überwintert der Erreger des Birnengitterrostes.

Reif im Juli: 'Schneiders Späte Knorpelkirsche'.

Süß und aromatisch: 'Büttners Rote Knorpel'.

Süßkirsche
Prunus avium

Blüte: Mitte April vor Blattaustrieb. Büschel schneeweißer Blüten an etwa 5 cm langen Stielen.
Frucht: Reife Juni/Juli. Frühe Sorten haben meist weiches, saftiges Fruchtfleisch – Herzkirschen. Die später reifenden Knorpelkirschen haben festeres Fleisch. Farben von hellgelb mit roter Sonnenseite über rotgelb, feuerrot bis dunkelrot.
Inhaltsstoffe: Fruchtzucker, Vitamine A und C, Phosphor, Kalium, Kalzium.
Baumform: Hochstamm bis 8 m hoch, Kronendurchmesser bis zu 10 m. Der Spindelbusch ist noch selten, aber auf Unterlagen wie Weiroot oder Colt bildet sich auf einem etwa 80 cm hohen Stamm eine recht große Krone.
Geeignet für: Solitär, Hausbaum. Spindel- und Buschbäume als lockere Hecken.
Standort: Vollsonniger Platz. In Höhenlagen Gefahr durch Spätfröste.
Boden: Tiefgründig, locker, kalkhaltig (pH-Wert 6 bis 8).
Befruchtung: Selbstunfruchtbar. Braucht einen anderen Kirschbaum, der aber die richtige Sorte sein muß.
Pflanzung: Von Oktober bis März in mit Humus vorbereitetes Pflanzloch. Veredelungsstelle 15 cm über dem Boden.
Instandhaltungsschnitt: Für eine kleine Krone nach der Ernte Fruchttriebe kräftig zurückschneiden.
Düngung: Im Februar 100 bis 150 g/m² organisch-mineralischen Dünger oder im Herbst verrotteten Stallmist auf die Baumscheibe geben. Kompost mit Kalk anreichern.
Pflege: Gegen Läuse Kapuzinerkresse auf die Baumscheibe pflanzen.
Anfällig für: Monilia, Schrotschuß- und Sprühfleckenkrankheit, Gummifluß (Valsa), Kirschfruchtfliege, Frostspanner, Kirschblütenmotte.
Sorten: Frühe: Kassins Frühe, Hedelfinger, Fromms Herzkirsche, Rote Maikirsche. Mittelfrühe bis späte: Große Prinzessin, Schneiders Späte, Büttners Rote Knorpel, Große Schwarze, Sam, Star, Van, Starking Hardy Giant, Empfehlenswerte lokale Sorten.
Ernte: Zum roh Essen pflücken, zum Einwecken und Saftbereiten auf ein Tuch vom Baum schütteln.
Verwendung: Kompott, Marmelade, Saft, Kuchen.
Lagerung: Innerhalb von 3 Tagen verarbeiten.
Achtung: Brüchige, dünne Äste – Unfallgefahr!
Mein Tip: So können Sie für Bestäubung sorgen: Während der Blüte einen Wassereimer mit blühenden Zweigen von Wildkirschen in den Baum hängen.

Sauerkirsche
Prunus cerasus

Blüte: Mitte April/Anfang Mai. Schneeweiße Blüten in Büscheln, am Grund der Blütenstände winzige Blättchen. Sind gegen Frost widerstandsfähiger als die Süßkirsche.
Frucht: Reife Ende Juli/August. Dunkelrot, Saft stark färbend. Stein leicht zu lösen. Bittersaurer Geschmack.
Inhaltsstoffe: → Süßkirsche.
Baumform: Kleiner als Süßkirschen. Hochstamm – wird unterhalb der Krone veredelt – 1,5 bis 1,8 m. Buschbäume mit Stammhöhe von 70 bis 80 cm, Zwergbäume nur 50 cm.
Geeignet für: Solitär, Hecke, Spalier an der Hauswand, Kübel.
Standort: Stellt klimatisch keine Ansprüche. Braucht vollsonnigen bis halbschattigen Platz. Auch die bekannte »Schattenmorelle« mag keinen Schatten – ihr Name kommt vom frz. »Chateau« (Schloß).
Boden: Anspruchslos. Nur keine schweren, kalten Böden mit hohem Grundwasserstand.
Befruchtung: Meist selbstfruchtbar.
Pflanzung: Spatentiefes, darunter gut aufgelockertes Pflanzloch. Hochstämme so tief einsetzen, wie sie in der Baumschule standen. Bei Buschbäumen Veredelungsstelle einige cm über dem Boden.
Instandhaltungsschnitt: Schattenmorellen bilden gerne lange peitschenartige Triebe, die verkahlen. Nach der Ernte werden deshalb die fruchttragenden Triebe bis zu den Jungtrieben zurückgeschnitten, die sich in der Krone gebildet haben. Bei aufrecht wachsenden Sorten immer nach der Ernte auslichten.
Düngung: Kompost oder Stallmist auf die Baumscheibe geben.
Pflege: Beginnen sich die Früchte zu röten, Netz über die Krone spannen zum Schutz gegen Vögel.
Anfällig für: Gummifluß (Valsa), Monilia, Schrotschuß- und Sprühfleckenkrankheit, Kirschfruchtfliege, Obstbaumminiermotte, Kirschblütenmotte, Grauer Knospenwickler, Schwarze Kirschblattlaus.
Sorten: Schattenmorelle, Morellenfeuer, Königin Hortense, Schwäbische Weinweichsel (nur Hochstamm), Heimanns Rubinweichsel, Stevnsbaer.
Ernte: Erst ernten, wenn Früchte schwarzrot, sonst haben sie kein Aroma.
Verwendung: Saft, Einmachen.
Lagerung: Sofort verwerten.
Mein Tip: Wenn Sie keinen Garten haben: Sauerkirsche wächst gut im Kübel auf Balkon oder Terrasse. Sie trägt nicht nur, sondern ist auch dekorativ.

Besonders beliebt: Die 'Schattenmorelle'.

Robust und schmackhaft: Die Hauszwetschge, von der es zahlreiche Sorten gibt.

Zwetschge/Pflaume

Prunus domestica

Blüte: Ende März bis Anfang Mai. Weiße, kleine Blüten mit gelben Staubbeuteln an dünnen Stielen zu zweien oder dreien zusammen. Erscheinen vor den Blättern.
Frucht: Reife Ende Juli bis Ende August. Zwetschgen (in manchen Gegenden: Zwetschen) sind eiförmig mit spitzen Enden. Die dunkelblaue Haut ist hell bereift. Das feste Fruchtfleisch ist gelb bis orange, der Stein flach. Pflaumen sind größer, ihre Enden rund, die »Fruchtnaht« deutlich zu sehen. Die dickere Haut ist je nach Sorte dunkelblau, blauviolett oder sattgelb. Schwächere Bereifung als bei Zwetschgen. Das gelbe Fruchtfleisch löst sich meist schwer vom rundlichen Kern. Die Unterscheidung zwischen Pflaumen und Zwetschgen ist nicht eindeutig. Viele Baumschulen ordnen früh (ab Juli) reifende Sorten als Zwetschgen ein.
Inhaltsstoffe: Zwetschgen enthalten die Vitamine A und C, Kalium und viel Fruchtzucker. Pflaumen sind nicht ganz so süß.
Baumform: Mittelgroße Bäume mit runden Kronen, die auch als Tellerkronen gezogen werden. Diese sind für die Ernte praktischer, denn Niederstämme gibt es noch nicht. Auch auf schwachwüchsigen Unterlagen nicht niedriger als 3 m. Veredelung erfolgt entweder auf der starkwachsenden Myrobalane-Unterlage, die sich für trockene, magere Böden eignet, oder auf der schwächer wachsenden St. Julienne, die feuchte, nährstoffreiche Böden bevorzugt. Wurzelechte Hauszwetschgen sind besonders frosthart und am krummen Stamm erkennbar. Jungbäume mit 2jährigen Kronen tragen 2 Jahre nach der Pflanzung.
Geeignet für: Solitär im kleinen Garten; Beschatten von Sitzplatz, Terrasse, Kompostplatz.
Standort: Warmer, sonniger Platz. Im Schatten werden die Früchte nicht süß.
Boden: Nährstoffreiche, humose, feuchte Böden. Einige alte Zwetschgensorten, etwa die Hauszwetschge, stellen kaum Ansprüche. Der Boden darf aber auf keinen Fall sauer sein – pH-Wert 6,5 bis 7.
Befruchtung: Hauszwetschgen sind in aller Regel selbstfruchtbar. Bei allen anderen Sorten herrscht Unklarheit. Besser ist, für Befruchter zu sorgen. Dazu geeignet sind auch Schlehe oder Blutpflaume (also Ziersträucher). Bei einer selbstunfruchtbaren Sorte kann man auch einen Ast im Baum mit einer anderen Sorte veredeln.

Gelbrote Pflaume 'Viktoria'.

Frühe Ernte: 'Lützelsachser Frühzwetschge'.

Pflanzung: Spätherbst. Pflanzloch nicht tiefer als die Wurzeln reichen.
Instandhaltungsschnitt: Bei regelmäßigem Ertrag nur zu dicht stehende, verkahlte und hängende Äste entfernen. Neue Jungtriebe auf die Hälfte zurückschneiden, um die Verjüngung der Krone zu fördern.
Düngung: Jungbäume im zeitigen Frühjahr mit organisch-mineralischem Dünger, Kompost oder verrottetem Stallmist. Erwachsenen Bäumen nur bei Mangelerscheinungen (wie geringer Blütenansatz, Chlorose) Nährstoffe zuführen. Kalkungen nur nach Bestimmung des pH-Wertes.
Pflege: Beide Obstsorten tragen oft mehr Früchte als sie verkraften können. Bei sehr reichem Fruchtbehang die Äste abstützen. Bei der gelben Viktoria-Pflaume nach der Blüte den Fruchtbehang ausdünnen, sonst bleiben die Pflaumen klein und sauer.
Anfällig für: Napfschildlaus, Pflaumensägewespe, Pflaumenwickler, Spinnmilben, Gespinstmotten, Schrotschußkrankheit, Zwetschgenrost, Narrentaschenkrankheit, Scharka (gefährlich).
Sorten: Frühe: Lützelsachser Frühzwetschge, Bühler Frühzwetschge, Czernowitzer Zwetschge, Cacas Frühe, Ontariopflaume (gelb), Ruth Gerstetter (blaue Pflaume), Magna Clauca, Jalomita. Mittelfrühe bis späte: Stanley (besonders groß), Deutsche Hauszwetschge (in verschiedensten Sorten, für unterschiedliche Anbaugebiete), Sanctus Hubertus-Pflaume, Viktoriapflaume.
Ernte: Pflücken Sie nur so viele Zwetschgen vom Baum, wie Sie einfrieren oder roh verzehren wollen. Rest am Baum lassen, bis der Stiel leicht runzlig ist – dann sind sie am reifsten. Für Mus, Saft, Marmelade kann man sie vom Baum schütteln. Pflaumen sind druckempfindlich und müssen sorgsam gepflückt werden.
Verwendung: Zwetschgen kann man, wie sie vom Baum kommen einfrieren – im Winter backt man damit Kuchen. Pflaumen sind nicht zum Einfrieren geeignet. Marmelade, Mus, Kompott, Saft kann man aus beiden zubereiten. Getrocknete Früchte für Gebäck im Winter.
Lagerung: Sofort verarbeiten.
Mein Tip: Wenn Sie Zwetschgenfan sind, aber nur eine kleine Familie haben, lassen Sie sich in einer guten Baumschule einen Zwetschgenbaum so veredeln, daß darauf frühe, mittelfrühe und späte Sorten wachsen. So können Sie drei Monate lang ständig kleinere Mengen ernten.

Mirabellen brauchen einen vollsonnigen, windgeschützten Platz.

Mirabelle/Reneklode

Prunus domestica (ssp. syriaca und ssp. italica)

Blüte: Im April vor dem Blattaustrieb. Reinweiße, kleine Blüten stehen zu zweien oder dreien zusammen.
Frucht: Ernte Juli/August. Mirabellen sind kirschgroß und gelb, bekommen rötliche Punkte, wenn sie vollreif sind. Renekloden sind zwetschgengroß, kugelig und gelbgrün. Nur die Sorte Althans ist violett.
Inhaltsstoffe: Mirabelle: Vitamin C. Reneklode: Vitamin C, Carotin.
Baumform: Die Bäume werden nicht sehr groß, mit schwachwüchsigen Unterlagen sogar nur 3 m hoch. Im Alter von 6 bis 8 Jahren beginnt der Ertrag. Da man aber am besten Bäume mit zweijähriger Krone pflanzt, muß man nur 4 Jahre auf die ersten Früchte warten. Das Fruchtholz ist kurz und sehr dünn, wächst aber dicht.
Geeignet für: Solitär in kleinen Hausgärten, neben einer Terrasse, auch für Kübel.
Standort: Mirabellen bringen nur in mildem Klima Früchte. Brauchen einen vollsonnigen, windgeschützten Platz. Renekloden sind etwas robuster, einige Sorten reifen sogar noch in kühlen Höhenlagen.
Boden: Nicht anspruchsvoll. Der Boden sollte aber warm, nährstoffreich und nicht zu trocken sein. Sandböden sind ideal, weil warm. Hier muß aber unbedingt für gute Humusbildung gesorgt werden.
Befruchtung: Mirabellen sind in der Regel selbstfruchtbar. Die meisten Renekloden-Sorten allerdings nicht. Befruchter für die Große Grüne Reneklode können zum Beispiel die ebenfalls selbstunfruchtbare Graf Althans Reneklode, aber auch Hauszwetschge oder Mirabelle sein. Graf Althans hingegen braucht selbst als Befruchter eine andere Reneklode.
Pflanzung: Am besten im Herbst, nur in kühleren Lagen im März, da die Jungbäume frostempfindlich sind. Pflanzloch von 50 cm Tiefe ausheben, darunter 1 Spaten tief lockern. Leichte Böden mit Steinmehl und Kompost verbessern. Veredelungsstelle muß 10 cm über dem Bodenniveau liegen.
Instandhaltungsschnitt: Um eine gute Ernte zu erzielen, muß regelmäßig ausgelichtet werden. Zu dicht stehende, verkahlte Äste herausschneiden. Jungtriebe auf die Hälfte zurückschneiden. Der so verjüngte Baum bringt mehr Früchte.

Süß und saftig Reneklode 'Wilhelmine Späth'.

Einige Renekloden-Sorten reifen in kühlen Höhenlagen.

Düngung: In den ersten Jahren im März 100 g/m^2 organisch-mineralischen Dünger oder eine Schicht Kompost auf die Baumscheibe geben. Später nur noch bei erkennbarem Nährstoffmangel nach Bodenuntersuchung düngen.
Pflege: Jungbäume bei Trockenheit auf jeden Fall gießen. Am besten einen Gartenschlauch auf die Baumscheibe legen und das Wasser eine Stunde tröpfeln lassen. Bei starkem Behang die schwachen Äste unbedingt abstützen, sonst kann der Baum auseinanderbrechen. Bei einem durch Schnitt klein gehaltenen Baum kann man die grünen Früchte im Juni ausdünnen, die übrigen Früchte werden dann größer und aromatischer.
Anfällig für: Schorf, Napfschildlaus, Spinnmilben, Gespinstmotten, Kleine und Mehlige Pflaumenlaus, Scharka, Schrotschußkrankheit.
Sorten: Nancy-Mirabelle, Mirabelle von Metz, Große Grüne Reneklode, Graf Althans Reneklode, Qullins-Reneklode (selbstfruchtbar), Wilhelmine Späth.
Ernte: Ernten Sie Mirabellen und Renekloden zum Einwecken, wenn sie noch nicht ganz vollreif sind, der Geschmack von Kompott und Marmelade ist dann kräftiger und säuerlicher. Da Mirabellen massenweise geerntet werden können, wird am besten über einem unter dem Baum ausgebreiteten Tuch geschüttelt. Dann kann man die Früchte leicht aufklauben.
Verwendung: Zum roh Verzehren, für Marmelade, Kompott, Kuchen, Likörzubereitung.
Lagerung: Mirabellen und Renekloden sofort nach dem Pflücken oder Aufklauben verarbeiten. Sie verderben leider sehr schnell.
Achtung: Wurzelechte Renekloden und Qullins Reneklode werden für den Hausgarten zu groß.

Mein Tip: Halten Sie einen einzelnen Mirabellen- oder Reneklodenbaum im Hausgarten so klein wie möglich – sonst gibt es eine zu große Ernte. Mit einer schwachwüchsigen Unterlage ist schon viel geholfen, starkes Einkürzen der Triebe im Winter hält die Krone klein.

Pfirsichblüten erscheinen vor den Blättern.

Rotfleischiger Pfirsich: 'Rekord aus Alfter'.

Pfirsich
Prunus persica

Blüte: März/April. Weiße bis dunkelrosa Blüten stehen ohne Stiel direkt an den Zweigen. Erscheinen vor den Blättern.
Frucht: Reife je nach Sorte von Juli bis September. Gelbfleischige, späte Früchte sind aromatischer als die frühen mit weißem Fleisch. Schale behaart.
Inhaltsstoffe: Viel Karotin (besonders in der Schale) und Kalium.
Baumform: Hochbusch mit 80 bis 100 cm hohem Stamm und lockerer Krone.
Geeignet für: Solitär, Wandspalier, Kübel.
Standort: Sichere Ernten nur in Weinbaugebieten. Wegen der frühen Blüte vor Spätfrösten geschützt pflanzen.
Boden: Sehr anspruchsvoll. Humoser, lockerer Boden – am besten Kiesgrund. Kein hoher Grundwasserstand. Auf Pflaumen veredelte Sorten gedeihen auch in nicht zu kalten Lehmböden.
Befruchtung: Meist selbstfruchtbar.
Pflanzung: März/April. Boden gut lockern, mit Kompost anreichern.
Instandhaltungsschnitt: Bringt die größten Früchte an den »wahren« Fruchttrieben, etwa 50 cm lange Jungtriebe mit 2 Blüten- und 1 Holzknospe. Diese Triebe zur Hälfte kürzen. Das bringt im nächsten Jahr viele Fruchttriebe. »Falsche« Triebe (nur Blüten- oder nur Blattknospen) während der Blüte bis auf 1 cm kürzen. Nach der Ernte gut auslichten.
Düngung: Im März etwa 200 g/m² organisch-mineralischer Dünger. Das ganze Jahr über Mulchschicht aus Rasenschnitt oder Kompost.
Pflege: Baumscheibe freihalten. Im Frühjahr darf die Mulchschicht die Bodenerwärmung nicht verzögern – also bei Sonnenschein auflockern.
Anfällig für: Kräuselkrankheit, Monilia, Grüne Pfirsichlaus, Chlorose.
Sorten: Rekord aus Alfter, South Haven, Roter Ellerstädter, Blutpfirsich.
Ernte: Sorgsam pflücken, Druckstellen faulen.
Verwendung: Roh essen, einmachen.
Lagerung: Vollreife Früchte 2 Tage haltbar, halbreife halten länger, sind aber weniger aromatisch.
Mein Tip: Im Frühjahr gepflanzte Bäume bringen im selben Sommer schon Früchte. Diese in den ersten 2 Jahren im Ansatz wegnehmen, um den Baum nicht zu schwächen.

Nektarinen sind eine Varietät des Pfirsich mit glatten Schalen. Sie sind besonders süß und aromatisch. Vorteil der Nektarinen: Die Früchte werden über 4 Wochen hin nach und nach reif.

Frostempfindlich: Die Aprikosenblüte.

Die beliebteste: 'Nancy-Aprikose'.

Aprikose (Marille)
Prunus armenica

Blüte: März vor dem Blattaustrieb. Die fast stiellosen Blüten haben einen roten Blütenkelch und zartrosa Blütenblätter. Sie sind sehr frostempfindlich.
Frucht: Ernte ab Juli. Die dunkelgelbe, leicht bepelzte, runde Frucht ist leicht vom dicken Kern zu lösen.
Inhaltsstoffe: Enthalten besonders viel Karotin und Kalium.
Baumform: Halbstamm, Spindel oder kleiner Busch.
Geeignet für: Solitär, am besten aber Spalier an einer Südwand.
Standort: Weinbauklima, der Baum selbst ist zwar recht frosthart, aber die Blüte wird schnell von Spätfrösten vernichtet. Trockenes Klima verhindert Pilzkrankheiten.
Boden: Locker, nährstoffreich, warm, nicht zu trocken.
Befruchtung: Selbstfruchtbar. Blüht oft so früh, daß noch keine Bienen fliegen. Dann kann man mit einem weichen Pinsel Blütenstaub von einer Blüte zur anderen übertragen – die Ernte ist gesichert.
Pflanzung: Im April, in lockeren mit Kompost angereicherten Böden.
Instandhaltungsschnitt: Nach der Ernte nach innen wachsende und zu sparrige alte Triebe und Äste entfernen.
Düngung: Jedes Frühjahr vor der Blüte 200 g/m^2 organisch-mineralischen Dünger, im Herbst eine Mulchschicht aus grobem Kompost.
Pflege: → Pfirsich.
Anfällig für: Aprikosensterben, Monilia, Kräuselkrankheit, Schrotschußkrankheit, Grüne Pfirsichlaus.
Sorten: Nancy-Aprikose, Heidesheimer Frühe, Ungarische Beste.
Ernte: Aprikosen sind nicht sehr druckempfindlich, da man sie aber vollreif erntet, sollte man vorsichtig mit den Früchten umgehen.
Verwendung: Zum roh Essen, Einmachen und Dörren.
Lagerung: Nur wenige Tage.
Mein Tip: Die Aprikose muß vor Regen geschützt werden, weil sie anfällig für Pilzkrankheiten ist. Man pflanzt sie deshalb am besten an eine Hauswand (Süden) mit großem Dachüberstand. Aber Achtung dann muß man gießen!

Schöne Quittenblüte im Mai.

Birnenförmig: 'Bereczki-Quitte'.

Quitte
Cydonia oblonga

Blüte: Mai. An den schon belaubten Trieben blüht die Quitte mit einzelnen, kräftig rosafarbenen Blüten.
Frucht: Ernte ab Oktober. Große gelbe, apfel- oder birnenförmige Früchte mit bepelzter Schale und sehr hartem, rauhem Fruchtfleisch, vor allem an den Enden der Jungtriebe.
Inhaltsstoffe: Weinstein, Gerbsäure, Fruchtzucker und Vitamin C.
Baumform: Ein Quittenbaum wächst eher strauchig. Damit er einen geraden Stamm bekommt, wird er gerne auf Rotdorn veredelt. So ein Baum wird etwa 3 m hoch, es gibt aber auch niedrige Busch- und Spindelformen, die auf Quitte A veredelt sind. Die Quitte bringt 2 bis 3 Jahre nach der Pflanzung die erste richtige Ernte.
Geeignet für: Auch für kleine Gärten, sieht im Ziergarten sehr gut aus.
Standort: Entwickelt das typische Aroma nur in warmen Anbaugebieten, ist auch im Holz nicht sehr frosthart. Braucht im Garten einen geschützten, sonnigen oder halbschattigen Platz.
Boden: Gedeiht besonders gut auf leichten, warmen Böden, deren pH-Wert nicht über 7 liegen sollte. Auch humoser Lehmboden ist geeignet.
Befruchtung: Selbstfruchtbar.
Pflanzung: Ende März in eine recht flache, gut gelockerte Pflanzgrube. Veredelungsstelle schließt mit dem Bodenniveau ab.
Instandhaltungsschnitt: Nur auslichten, dabei nicht die jungen Triebe kürzen, weil hier die Früchte wachsen.
Düngung: Verrotteten Kompost oder strohigen Mist auf die Baumscheibe geben, andere Maßnahmen nicht notwendig.
Pflege: Nicht notwendig.
Anfällig für: Keine Krankheiten und Schädlinge.
Sorten: Portugiesische Quitte, Bereczki-Quitte (beide birnenförmig). Konstantinopeler, Riesenquitte von Leskovac (beide apfelförmig).
Ernte: Bis kurz vor den ersten Frösten am Baum hängen lassen.
Verwendung: Für Gelee, Wein, Quittenkonfekt. Nicht zum roh Essen. Vor der Verarbeitung die Härchen von der Schale reiben.
Lagerung: Möglichst schnell verarbeiten, sonst wird das Fruchtfleisch braun.
Mein Tip: In kühleren Gegenden sollten Sie die Wurzeln im Winter mit Strohmulch schützen.

Lange Kätzchen, kleine Blüte.

Walnüsse reifen in grünen Schalen.

Walnuß
Juglans regia

Blüte: Im zeitigen Frühjahr bilden sich während des Blattaustriebes bis 10 cm lange männliche Kätzchen und unscheinbare weibliche Blüten am selben Baum.
Frucht: Ernte ab Ende September. Der Nußkern steckt in einer harten Schale, diese wiederum in einer grünen, zähen Haut. Je nach Sorte sind die Früchte groß oder klein, dünn- oder dickschalig.
Inhaltsstoffe: Viel Eiweiß und Fett.
Baumform: Bis 20 m hoch, Kronendurchmesser bis 20 m. Die Wurzeln gehen weit über den Kronenrand hinaus – deshalb rundum einen Abstand von 15 m von allen anderen Bepflanzungen und vom Haus halten.
Geeignet für: Große Gärten, Hausbaum.
Standort: Empfindlich gegen Frost, deshalb nur in warmen Gebieten.
Boden: Locker, sehr tiefgründig, gut zu durchwurzeln, warm und humos. Sehr anspruchsvoll.
Befruchtung: Selbstfruchtbar.
Pflanzung: Besser als ein Sämling ist ein veredelter (aber teuerer) Jungbaum. Pflanzloch tief ausheben, gut lockern, auch tiefe Lehmschichten durchstoßen.
Instandhaltungsschnitt: Darf nicht geschnitten werden. Lediglich vom Frost geschädigte oder abgebrochene Äste im August herausnehmen. Vorher blutet der Baum zu stark.
Düngung: Nicht notwendig.
Pflege: Nicht notwendig.
Anfällig für: Spätfröste.
Sorten: Walnußsorten werden mit Nummern bezeichnet: Nr. 26 (kleine Krone), Nr. 139, Nr. 1247 (sehr groß, nur in milden Lagen), Nr. 286, Esterhazy II, Weinsberg I (kleine Krone, große Nüsse).
Ernte: Nüsse auflesen, wenn sie vom Baum fallen. Die grünen Schalen sind dann abgetrocknet.
Verwendung: Für Gebäck, zum roh Essen.
Lagerung: Trocknen Sie die Nüsse noch ein paar Tage in der Sonne oder an einem warmen Platz. Dann halten Sie ohne weiteres bis über Weihnachten hinaus.
Mein Tip: Ein Walnußbaum am Haus hält Fliegen ab.

REGISTER

Die **halbfett** gesetzten Seitenzahlen verweisen auf Farbfotos und Farbzeichnungen.
U = Umschlagseite.

Adressen und Bücher, die weiterhelfen

Bücher

Brettschneider, W.: *Obstbäume in Töpfen.* Verlag Eugen Ulmer, Stuttgart

Funke, W.: *Der Obstgehölzschnitt.* BLV Verlagsgesellschaft, München

Götz, G.; Silbereisen, R.: *Obstsorten Atlas.* Verlag Eugen Ulmer, Stuttgart

Klock, P.: *Veredeln leicht gemacht.* BLV Verlagsgesellschaft, München

Pardatscher, G.: *Der Winterschnitt von Obst- und Ziergehölzen.* Verlag Eugen Ulmer, Stuttgart

Riess, H. W.: *Obstbaumschnitt in Bildern.* Obst- und Gartenbauverlag, München

Zeitschriften

Flora
Gruner & Jahr, AG & Co., Postfach 111 629, 2000 Hamburg 11

kraut & rüben
BLV Verlagsgesellschaft mbH, Lothstraße 29, 8000 München 40

mein schöner Garten
Verlag Burda GmbH, Hauptstraße 130, 7600 Offenburg

Bodenuntersuchung

Verband deutscher landwirtschaftlicher Untersuchungs- und Forschungsanstalten
Bismarkstraße 41 a, 6100 Darmstadt

Bezugsquelle für biologisch gezogene Obstbäume

Baumschule Brenninger, 8251 Steinkirchen

Bezugsquellen für Nutzinsekten

Bio Nova GmbH, Boschstr. 11, 4190 Kleve
W. Neudorff, Postfach 1209, 3254 Emmenthal 1
D. Niesner, Hugo-Wolff-Str. 13, 4010 Hilden
Sauter Stepper, Rosenstr. 19, 7403 Ammerbuch 5

Autorin, Verlag und der Fotograf Friedrich Strauß danken für die Unterstützung:
Niederbayerische Obstversuchsanstalt, Deutenkofen
Institut für Obstbau und Baumschule Fachhochschule, Weihenstephan
Lehrstuhl für Obstbau der TU München/Weihenstephan
Samen-Schmitz
Baumschule Fischer, Bärnau

Wichtige Hinweise

In diesem Buch wird erklärt, wie man Obstbäume biologisch zieht. Dazu gehören auch Anleitungen für die Verwendung von biologischen Pflanzenschutzmitteln. Im Umgang mit diesen Mitteln sind einige Vorsichtsmaßnahmen zu beachten: Beachten Sie genau die Gebrauchsanweisung. Halten Sie Kinder und Haustiere fern, wenn Sie die Mittel anwenden. Ziehen Sie Handschuhe an, wenn Sie pyrethrumhaltige Mittel anwenden. Diese Mittel dürfen nicht in offene Wunden gelangen (→ Seite 37). Bewahren Sie unbedingt alle Pflanzenschutzmittel so auf, daß sie für Kinder und Haustiere unerreichbar sind.
Beachten Sie außerdem: Größere Obstbäume verführen Kinder und oft auch Erwachsene zum Klettern.
Durch dünne oder morsche Äste können dabei schwerwiegende Unfälle passieren. Ernten Sie deshalb immer nur mit Hilfe einer standsicheren Leiter und sorgen Sie dafür, daß Kinder nicht in den Obstbäumen herumklettern.

Die Fotografen:
Albinger: Seite 26; mein schöner Garten/Fischer: Seite 39, 45, 52, 55 r., U3; Reinhard: Seite 54; Scherz: Seite 4, 7, 9 o.m., u.r., 12, 23, 42/43, 59, U4 u.r.; Strauß: alle übrigen Bilder.

CIP-Titelaufnahme der Deutschen Bibliothek

Obstbäume biologisch ziehen: so gedeihen und fruchten sie am besten; Experten-Rat für Pflanzung, Pflege und Schnitt; mit schmackhaften Sorten – auch für Kleingärten und Balkone/Christine Recht. – München: Gräfe u. Unzer, 1990
(GU-Pflanzen-Ratgeber)
ISBN 3-7742-4675-0
NE: Recht, Christine [Mitverf.]

1. Auflage 1990

Redaktionsleitung: Hans Scherz
Redaktion: Renate Weinberger
Lektorat: Elke Angres
Herstellung: Johanna Wolter
Zeichnungen: Ushie Dorner
Umschlaggestaltung: Heinz Kraxenberger

Druck und Bindung: Kösel

ISBN 3-7742-4675-0